# Wildgerichte

Lucas Rosenblatt
Judith Meyer

# Wildgerichte

FONA

Wir danken der Firma Grüter-Suter in Luzern, die uns freundlicherweise Geschirr aus der Kollektion Schönwald zur Verfügung gestellt hat.

Dritte Auflage 2009


www.fona.ch

Lektorat:
Léonie Schmid

Gestaltung Cover:
Dora Eichenberger-Hirter, Birrwil

Gestaltung Inhalt:
aubergine, Heidy Schuppisser, Ennetbaden

Bilder Einführung:
Dietz Fotografen, Merlischachen; www.dietz.ch

Foodbilder: Patrick Zemp, Rothenburg

Printed in Germany

ISBN 978-3-03780-315-8

# Inhaltsverzeichnis

# Warenkunde

## Wild, wilder

«Wild» ist der Sammelbegriff für alle wild lebenden Tiere, welche dem Jagdgesetz unterliegen. In der Küche wird Wildbret (Fleisch vom geschossenen Wild) von Haar- und Federwild verwendet. Das feinste und zarteste Fleisch aus der Kategorie «Haarwild» liefert das Reh. Es ist mit Abstand das am meisten zubereitete Wildfleisch. Kräftiger ist das Fleisch von Rothirsch. Gemsenfleisch ist leider selten im Angebot. Das Fleisch von jungen Tieren ist würzig und hat einen festen Biss. Ein kulinarisches Rendez-vous mit Fleisch vom Steinbock hat einen grossen Seltenheitswert. Nur ausgewählte Jäger dürfen die Könige der Alpen jagen. «Federwild» wie Fasan, Rebhuhn, Wachtel und Wildente kommt vor allem aus Aufzuchtstationen. Federwild aus freier Wildbahn kommt kaum mehr auf den Markt.

## Die Jagd

Die Jagd auf wild lebende Tiere sicherte schon in vorgeschichtlicher Zeit das Überleben des Menschen. Im Laufe der Jahrtausende wurde sie mit der Ausdehnung des Ackerbaus immer weniger wichtig. Die «freie Jagd für alle» wurde zum Privileg der Tüchtigen und Starken eines Stammes und war letztlich dem Adel vorbehalten. Zu Zeiten Karls des Grossen (768–814) wurde die Unterteilung in Hochwild- und Niederwildjagd eingeführt. Zum Hochwild zählten Hirsche, Steinböcke, Gemsen, Auerhahn, Birkhahn, manchmal auch der Fasan. Dem niedrigen Volk fiel die Jagd auf Hasen, Wildkaninchen, Rehwild und verschiedene Vogelarten zu. Bei dieser Einteilung ist es geblieben. Deshalb gibt es im Herbst in manchen Gegenden zwei Jagdzeiten. Die Saison beginnt mit der Hochwildjagd (Hirsch, Gemse, Reh), später folgt die Niederjagd (vor allem Vögel).
In vielen Teilen Europas wird die Revierjagd gepflegt. Gejagt wird auf der Pirsch, vom Hochsitz und durch Treibjagd. Während auf der Pirsch und in der Hochsitzjagd der Jäger meistens allein ist, sind an der Treibjagd mehrere Jäger und Treiber beteiligt. Zum Erlegen des Haarwildes auf der Hochjagd verwendet der Jäger die Kugelwaffe.
Die Schrotwaffe wird vor allem auf der Niederjagd für Wildgeflügel eingesetzt. Welche Wildart gejagt werden darf und wie viele Tiere zur Jagd frei gegeben werden, bestimmt das regionale Jagdgesetz.

## Das Wildbret

Gestern wie heute hat das Wildbret einen hohen Stellenwert. Das Angebot aus der heimischen Jagd kann die Nachfrage bei weitem nicht decken. Importe von

Reh- und Hirschfleisch und von Rothirsch sind an der Tagesordnung.
Mancherorts bieten Metzgereien/Spezialitätengeschäfte (Comestibles) während der Jagdzeit Wildfleisch aus heimischer Jagd an, doch der grösste Teil wird unter der Hand verkauft oder er gelangt in Gastrobetriebe.
Die Art der Jagd, die Lage des Schusses und die Verarbeitung haben einen grossen Einfluss auf die Fleischqualität. Wildfleisch aus Treibjagd ist oft von minderer Qualität.
Durch die Stresssituation sinkt der Glykogengehalt in den Muskeln und das führt zu einer nicht optimalen Fleischreifung.
Das meiste Wildbret kommt in Einzelstücke zerlegt und portioniert in den Handel.
Auch beim Wildfleisch sind die Edelstücke von Schenkel und Rücken beliebter. Die restlichen Fleischstücke werden in Ragoutstücke geschnitten und zu Pfeffer verarbeitet.
Regional werden aus den minderen Fleischstücken Dauerwüste wie Hirsch-, Gems- und Steinbocksalsiz hergestellt. Der geringe Fettanteil und der höhere Eiwessgehalt führen zu einem halb so hohen Energiewert wie bei herkömmlichem Fleisch. Das Wildfleisch ist zudem reich an Mineralstoffen wie Kalzium, Phosphor und Eisen sowie Vitaminen der B-Gruppe.
Es ist ein offenes Geheimnis, dass sich die einzelnen Wildrezepte für verschiedene Wildtierarten eignen. Ein Rezept mit Rehfleisch kann ohne weiteres mit Gems- oder Hirschfleisch zubereitet werden.
Gar- und Bratzeit von Wildbret können im Gegensatz zu Schlachtfleisch variieren.
Herkömmliches Fleisch stammt meistens von wenigen Monaten alten, selten von über 2-jährigen Tieren, und durchläuft eine optimale Fleischreifung. Anders Wildbret, das von jungen und älteren Tieren stammen kann.
Auch bei Bejagung, Verarbeitung und Fleischreifung sind große Unterschiede möglich.
*Ideale Würzmittel*

*Kräuter: Rosmarin, Thymian, Salbei*
*Gewürze: Wacholder, Koriander, Lorbeer, Piment, Pfeffer*
*Wildfrüchte: Preiselbeeren, Heidelbeeren, Hagebutte, Eberesche*

# Haarwild

**Das Rotwild**

Die majestätischen Hirsche stellen nicht nur die größte heimische Population, sie sind auch weltweit am stärksten verbreitet. Das Rotwild ist seit Jahrhunderten Inbegriff der Jagd schlechthin. Nur die männlichen Tiere, die Hirsche, tragen ein Geweih. In der vegetationsarmen Zeit wirft der Hirsch sein Geweih ab. Schon wenige Tage später beginnt das neue Geweih zu wachsen; bis es wieder die ursprüngliche Größe hat, vergehen 4 Monate. Der Hirsch streift die Basthaut durch Verfegen und Schlagen an Bäumen und Büschen ab. Durch den austretenden Rindensaft wird das weisse Geweih bräunlich eingefärbt. Es muss mit Beginn der Brunstkämpfe in den ersten kalten Herbsttagen wieder die volle Grösse haben. Die Hirschkuh setzt zwischen Mitte und Ende Mai meistens ein Junges, ein Kalb. Geschätzt wird vor allem das Fleisch von jungen Tieren, auch Schmaltier genannt. Die Hauptjagdzeit fällt auf den Monat September. In der Schweiz gibt es im ganzen Alpenraum größere Hirschbestände. Noch vor 100 Jahren war das Hirschwild in diesen Regionen fast ausgerottet. Von Österreich wanderte es über das Unterengadin wieder ein. Heute müssen die Populationen mit Sonderjagden geregelt werden, weil die Tiere keine natürlichen Feinde mehr haben.

*Steckbrief*
*Größe: 1,10–1,50 m Schulterhöhe*
*Gewicht: 60–120 kg,*
*je nach Lebensraum und Alter*
*Paarungszeit: September und Oktober*
*Setzzeit (Nachwuchs): Mai*
*Lebensraum: Wald*

## Das Damwild

Damwild zählt zu den Hirscharten. Es unterscheidet sich nicht nur in der Grösse vom Rotwild, sondern auch im Geweih mit seinen großflächigen Schaufeln. Es wurde im 19. Jahrhundert in Mitteleuropa wieder angesiedelt, zuerst in großen Gehegen. In der Schweiz gibt es kein wild lebendes Damwild. Immer häufiger wird es auf den Bauernhöfen für die Fleischvermarktung gehalten. Das Damwild ernährt sich im Einklang mit der Natur, zusätzlich wird altes Brot und im Winter Heu verfüttert. Der Abschuss wird gesteuert; hauptsächlich werden Spießer (männliche Tiere) im Alter von 13–15 Monaten geschossen. Weil die Tiere keinem Jagdstress ausgesetzt werden, ist das Fleisch von hoher Qualität.

*Steckbrief*
*Größe: 75 cm–1 m Schulterhöhe*
*Gewicht: 30–80 kg,*
*je nach Lebensraum und Alter*
*Paarungszeit: Ende Oktober*
*Setzzeit (Nachwuchs): Juni, meistens ein Kalb*
*Lebensraum: Gehege und Parklandschaft*

## Das Rehwild

Rehbock, Ricke und Kitz sind scheue Waldbewohner, die im Rudel leben. Der Bock stösst im Winter das Geweih mit seinen Neben sprossen. ab. Das Reh ist das kleinste Tier unter den Hirscharten und kommt in Europa am häufigsten vor. Junge Tiere heißen Rehkitz, Jährlingsböcke und Schmalreh.
Ein 2-jährigen Tier ist je nach Lebensraum zwischen 13 und 16 kg schwer.
Rehe sind Nahrungsselektierer. Im Frühling und im Sommer äsen sie Blätter und würzige Kräuter, im Herbst bevorzugen sie Eicheln und Buchnüsse und während der Wintermonate leben sie vor allem von den Fettdepots. Zusätzlich suchen sie Knospen, Weichhölzer und Blätter von Himbeeren und Brombeeren. Die abwechslungsreiche Kost ergibt ein feines, zartes Fleisch von ausgezeichnetem Geschmack, der je nach Jagdzeit variiert.

*Steckbrief*
*Größe: 60–90 cm Schulterhöhe*
*Gewicht: 13–20 kg*
*Paarungszeit: Juli und August*
*Setzzeit (Nachwuchs): Mai, meistens 2 Kitze*
*Lebensraum: Wälder und Auen*

## Die Haarwildteile

**Der Schenkel**
Ohne Haxe lässt sich der Schenkel am Stück braten. Für das Kurzbraten wird er in die einzelnen Teile zerlegt und in Schnitzel portioniert. Einzelteile lassen sich auch am Stück braten oder schmoren. Entsehnte Abschnitte sind ideal für Geschnetzeltes. Für Ragouts werden die sehnigen Stücke von der Haxe und den Kniegelenkmuskeln verwendet.

**Der Rücken**
Rücken von allen Sehnen befreien und wie den berühmten Rücken Baden-Baden am Stück braten oder in Koteletts portionieren. Oder Rückenfilets auslösen, portionieren (Medaillons) und kurz braten. Aus den Rückenknochen lassen sich kräftige Fonds und Saucen herstellen.

*Tipp*
*Bei grösseren Wildfleischstücken lohnt es sich, die Kerntemperatur mit einem Fleischthermometer zu kontrollieren, damit die optimale Garstufe eingehalten werden kann. Bei 60 °C ist der Wildbraten noch blutig, bei 70 °C leicht rosa, bei 80 °C durchgebraten.*

**Die Schulter oder das Blatt**
Die Schulter kommt selten als ganzes Stück in den Handel. Ausgelöst ohne Haxen lässt sie sich die Schulter rollen und im Backofen schmoren. Die entsehnten Stücke eignen sich für Terrinen und Pasteten. Oft sind die Schultern zerschossen (Blattschuss) und nur noch begrenzt für ein Ragout verwendbar.

**Der Rippenbogen**
Aus dem ausgelösten Rippenbogen mit den Bauchlappen können Ragouts und Rollbraten zubereitet werden. Wildbret mit Kräutern und Gewürzen einreiben und satt einrollen, mit Küchenschnur binden. Ein Rollbraten vom Rippenbogen muss geschmort werden.

**Der Träger oder der Hals**
Je größer das Wildtier, desto fleischiger ist auch der Hals. Er ist mit vielen Muskeln durchzogen und eignet sich zum Schmoren als Braten oder für ein saftiges Ragout.

# Schwarzwild

Schwarzkittel, wie die urigen Wildschweine auch genannt werden, fressen Pflanzen aller Art, aber auch Würmer, Käfer, Jungwild und sogar Aas. Das Wildschwein lebt im Familienverband, in Rotten bis zu 50 Tieren. Wenn eine Rotte über einen Maisacker herfällt, kommt es zu Ertragseinbussen. Demnach verständlich, dass die Bauern die Tiere nicht sehr schätzen. Dank Intelligenz sowie unauffälliger Lebensart können sich die Tiere bei unseren klimatischen Verhältnissen stark vermehren. Die Jagd auf die Schwarzkittel ist deshalb schwierig. Keiler (männliche Tiere), welche in der Rauschzeit (Paarung) geschossen werden, sind ungenießbar. Auch das Fleisch der Bachen (weibliche Tiere) hat einen unangenehmen geschlechtsspezifischen Geruch. In der Küche werden deshalb Frischlinge und Überläufer bevorzugt. Wildschweine müssen vom Veterinär stets auf Trichinen untersucht werden. Die Fadenwürmer (Schmarotzer) befallen fleischfressende Säugetiere und auch Menschen.

*Steckbrief*
*Größe: variiert stark je nach Lebensraum*
*Gewicht: starke Keiler bis 300 kg,*
*Bachen bis 200 kg, Überläufer 30–40 kg,*
*Frischlinge 10–30 kg*

**Schwarzwildteile**

**Nacken**
Das Nackenfleisch ist kurzfaserig und besonders saftig. Es wird als Braten sehr geschätzt.

**Rippenbogen**
Der ausgelöste Rippenbogen eignet sich für Rollbraten oder Ragout.

**Schulter**
Die ausgelöste und in Rotwein marinierte Schulter eignet sich für einen schmackhaften Sauerbraten, ansonsten für Braten oder Ragout.

**Rücken**
Rücken entweder am Stück braten oder in T-Bone-Steaks portionieren. Vom ausgelösten Rücken lassen sich Steaks schneiden. Der Wildschweinrücken kann auch der Wirbelsäule entlang zweigeteilt werden. Das Karree am Stück braten oder in Koteletts portionieren. Auf der Unterseite des Rückens liegen die Filets; sie sind das zarteste Stück. Filets in Medaillons schneiden oder am Stück braten.

# Federwild

### Wildente – Stockente

Die am meisten verbreitete Federwildart ist die Stockente. Das Männchen (Erpel) ist mit seinem grün schillernden Gefieder rascher erkennbar als die braune Ente. Mit dem auf-fälligen Gefieder lenkt es die Feinde vom Gelege ab, in welchem das gut getarnte Weibchen sich um den Nachwuchs kümmert. Die im Handel erhältlichen Enten können aus freier Wildbahn oder auch aus Aufzuchtstationen stammen.
Jungtiere erkennt man am biegsamen Brustbein und an den leicht zerreissbaren Schwimm- häuten.

*Steckbrief*
*Länge: 58–60 cm*
*Gewicht: 1–1,2 kg*
*Begattung: Februar/März*
*Brutdauer: 30 Tage, 7 bis 12 Eier*
*Lebensraum: an allen Gewässern*

### Geflügelteile

**Ganze Ente**
Gerupfte Enten gefüllt oder ungefüllt braten.

**Brustfilets**
Filets am Stück rosa braten oder in Medaillons schneiden.

**Schenkel**
Ganze Schenkel weich schmoren. Ausgelöste Schenkel in kleine Würfel schneiden und als Ragout weich schmoren.

**Karkasse (Knochengerüst von Geflügel)**
Karkasse klein schneiden. Für die Herstellung von Fonds oder Wildgeflügeljus verwenden.

### Fasan

Ein typischer Vertreter der wild lebenden Hühnervögel. Der Hahn hat ein viel auffälligeres Aussehen und kann so potenzielle Feinde vom Gehege der unscheinbaren Henne fernhalten. Fasane ernähren sich sehr abwechslungsreich. In der warmen Jahreszeit fressen sie Insekten, aber auch Würmer und Schnecken, im Herbst und Winter Vegetarisches wie. Getreidekörner, Blattgrün, Eicheln und Zuckerrüben.
Fasane werden mehrheitlich in Fasanerien gehalten, oft werden sie von den Revierinhabern ausgewildert. Das Fleisch der Henne ist zarter und feiner als das des Hahns. In der Schweiz werden keine Fasane gejagt und die Nachfrage wird hauptsächlich mit Vögeln aus kommerziell betriebenen Aufzuchtstationen gedeckt.

*Steckbrief*
*Länge: 50–90 cm, einschliesslich Stossfedern*
*Gewicht: 1–1,5 kg*
*Paarungszeit: April–Juni*
*Brutdauer: 24 Tage, 12 bis 15 Eier*
*Lebensraum: landwirtschaftliche Flächen*

### Geflügelteile

**Ganzer Fasan**
Die zarte, magere Fasanenbrust wird geschützt, indem man sie mit Speck abdeckt.

**Brustfilets**
Brustfilets vor dem Braten in Mager- oder Spickspeck einwickeln. Sie können auch poeliert, gedünstet oder gedämpft werden.

**Schenkel**
Der Unterschenkel ist mit starken Sehnen durchwachsen. Er ist ideal für Terrinen und zum Klären von Wildessenzen. Oberschenkel ganz oder ausgelöst schmoren.

**Karkasse (Knochengerüst von Geflügel)**
Für Wildgeflügelfond und Essenzen.

# Vorspeisen und kleine Gerichte

# Rehterrine mit Aprikosenchutney

**für eine Terrineform von 1/2 l Inhalt**

**150 g Rehfleisch zum Kurzbraten**
**50 g Rehrückenfleisch**
**50 g Doppelrahm/Crème double**
**1 Msp Cayennepfeffer**
**1 Msp Kardamompulver**
**Kräutermeersalz**
**1 TL Olivenöl extra nativ**
**2 Rehfilets**
**100 g Eierschwämmchen, klein geschnitten**
**1 Schalotte, fein gehackt**
**1 Thymianzweiglein, Blättchen abgezupft**
**frisch gemahlener schwarzer Pfeffer**
**5 cl Noilly Prat**
**1/2 dl Bratenjus**
**8 Scheiben Rohschinken**
**8 zerdrückte Wacholderbeeren**
**10 zerdrückte Pfefferkörner**
**1 Rosmarinzweig, abgestreifte Nadeln**

**Aprikosen-Chutney, Seite 91**

**1** Die 150 g Rehfleisch in feine Scheiben, diese in Streifen und diese wiederum in Würfelchen schneiden, fein hacken.

**2** Rehrücken in 3 mm grosse Würfelchen schneiden, mit Doppelrahm, Cayennepfeffer, Kardamom und Kräutersalz würzen. Im Kühlschrank zugedeckt 2 Stunden durchkühlen lassen.

**3** Rehfilets in einer Bratpfanne im Olivenöl rundum kräftig anbraten, zum Abkühlen auf einen Teller legen.

**4** Pilze und Schalotten in der Fleischpfanne kurz anbraten, mit wenig Kräutersalz, Thymian und Pfeffer würzen, mit dem Noilly Prat ablöschen, erhitzen, in ein Sieb geben, dabei den Fond auffangen.

**5** Den Pilzfond zusammen mit dem Bratenjus zurück in die Bratpfanne geben, sirupartig einkochen lassen. Die Rehfilets im einreduzierten Pilzjus wenden, kühl stellen.

**6** Die Pilze in eine kleine Schüssel geben und mit dem restlichen Pilzjus mischen, kühl stellen.

**7** Immer zwei Scheiben Rohschinken quer in die Form legen, sie sollen sich überlappen und über den Rand der Form reichen. Mit den restlichen Scheiben gleich verfahren.

**8** Den Backofen auf 150 °C vorheizen.

**9** Die Pilze unter das gehackte und gekühlte Rehfleisch rühren, eventuell nachwürzen. Die Hälfte der Masse in die Terrineform verteilen. Die Rehfilets längs darauf legen, mit der restlichen Masse zudecken, fest andrücken, mit dem überlappenden Rohschinken zudecken. Die Gewürze und die Rosmarinnadeln auf die Terrine verteilen.

**10** Terrineform in ein tiefes Backblech stellen. Etwa einen Liter Wasser erhitzen und in das Backblech giessen, auf mittlerer Schiene in den Ofen schieben. Terrine bei 150 °C 30 Minuten pochieren, bis sie eine Kerntemepratur von 68 °C erreicht hat. Auskühlen lassen, 24 Stunden kühl stellen.

# Edelfleischkäse vom Reh mit grünem Pfeffer

**für eine Terrineform**
**von 4 dl Inhalt**

**200 g sehnenfreie Abschnitte**
**von Rehfleisch zum Kurzbraten**
**1 1/2 dl/ Rahm**
**1/2 TL Meersalz**
**frisch gemahlener**
**schwarzer Pfeffer**
**1 Prise Pimentpulver**
**2 EL in Salzlake eingelegte**
**grüne Pfefferkörner**
**1 TL Butter**
**4 EL Lauchwürfelchen (Brunoise),**
**nur weiße Teile**
**je 1 EL gehackter Majoran,**
**Thymian und Rosmarin**
**1 Prise Kräutermeersalz**

**weiche Butter für die Form**

**Chili-Vinaigrette**
**3 rote Pfeffer-/Chilischoten**
**2 EL Sherryessig**
**1 EL Zucker**
**4 EL Traubenkernöl**
**1/2 TL Sojasauce**
**1/2 TL Akazienblütenhonig**
**1 kleine rote Zwiebel,**
**fein gehackt**

**1** Für den Fleischkäse das Rehfleisch in Würfelchen schneiden, mit dem Rahm und den Gewürzen mischen. Im Kühlschrank 2 Stunden kühl stellen.

**2** Für die Vinaigrette die Chilischoten längs aufschneiden und entkernen, in kochendem Salzwasser 2 Minuten blanchieren, abgiessen, die Schotenhälften mit dem Sherryessig beträufeln, 1 Stunde marinieren. Zucker in einer Pfanne leicht karamellisieren, Schoten samt Essig zufügen, aufkochen. Leicht auskühlen lassen. Mit Sojasauce und Honig abrunden. Vor dem Servieren die Zwiebeln beifügen.

**3** Die grünen Pfefferkörner mit einem Küchenpapier trocknen. Butter in einer flachen Pfanne zerlassen, Pfefferkörner zufügen, bei mittlerer Hitze 2 Minuten dünsten. Die Lauchwürfelchen zufügen und kurz mitdünsten, die Kräuter unterrühren, mit dem Kräutersalz bestreuen. Auf einen Teller geben, kühl stellen.

**4** Den Backofen auf 160 °C Ober- und Unterhitze vorheizen. Die Terrineform mit der weichen Butter einfetten.

**5** Die gekühlten Rehwürfelchen im Cutter pürieren, bis die Farce bindet, in eine Schüssel geben, Lauch-Pfefferkörner-Mischung unterrühren. In die Terrineform füllen.

**6** Den Rehfleischkäse auf mittlerer Schiene in den Ofen schieben und bei 160 °C rund 20 Minuten backen. Aus dem Ofen nehmen. Vor dem Anschneiden 5 Minuten ruhen lassen.

*Tipp*
*Mit Nüsslisalat servieren.*

# Carpaccio von Junghirschfilet mit Pilzsalat

**Carpaccio**
**1 Hirschfilet**
**4 EL Haselnussöl**
**1 TL Birnendicksaft**
**frisch gemahlener**
**schwarzer Pfeffer**
**1 Prise Cayennepfeffer**
**2 erntefrische Feigen**
**2 EL geröstete Pinienkerne**
**2 EL halbierte Pistazienkerne**
**Fleur de Sel**

**Pilzsalat**
**½ EL Butter**
**4 mittelgrosse Shiitake**
**4 Austernseitlinge**
**50 g Eierschwämmchen**
**Kräutermeersalz**
**frisch gemahlener**
**schwarzer Pfeffer**
**1 EL Rosinen**
**2 EL Balsamico**
**1 EL Olivenöl extra nativ**

**1** Das Hirschfilet in 3 mm feine Scheiben schneiden, mit einem grossen Messer flach klopfen.

**2** Pilze in einem Sieb mit kaltem Wasser überbrausen, gut abtropfen lassen. Eine beschichtete Bratpfanne bei mittlerer Hitze erwärmen, Butter schmelzen, die Pilze zufügen und unter Rühren sautieren, mit Kräutersalz und Pfeffer würzen. Auf der ausgeschalteten Wärmequelle zugedeckt 5 Minuten ziehen lassen. Die Pilze in ein Sieb geben und den Fond auffangen. Fond zusammen mit den Rosinen und dem Balsamico sirupartig einkochen. Die Pilze und das Olivenöl zufügen, im sirupartigen Fond schwenken.

**3** Haselnussöl und Birnendicksaft verrühren, mit Pfeffer und Cayennepfeffer würzen. Die Feigen ungeschält in feine Spalten schneiden.

**4** Hirschfiletscheiben mit den Feigenspalten gefällig auf Tellern anrichten. Pinienkerne und Pistazienkerne darüber streuen. Mit wenig Fleur de Sel abrundne. Mit der Haselnussmarinade beträufeln. Den noch warmen Pilzsalat dazu anrichten.

# Rosa gebratenes Hirschfilet mit Trauben-Vinaigrette Schnitz-und-Drunder-Terrine

2 Hirschfilets vom Mittelstück, ca. 160 g
1 EL Erdnussöl
Meersalz
frisch gemahlener Pfeffer

**Trauben-Vinaigrette**
2 dl blauer Traubensaft
2 EL Baumnussöl
1 EL Himbeeressig
frisch gemahlener schwarzer Pfeffer
1 EL geröstete Kürbiskerne
12 Traubenbeeren, geviertelt

**Schnitz-und-Drunder-Terrine**
500 g fest kochende Kartoffeln
20 g gedörrte Apfelschnitze
3 Scheiben geräucherter Speck
1/2 l Apfelsaft
1/2 EL Gemüsebrüheextrakt
2 g Agar-Agar-Pulver
frisch geriebene Muskatnuss
Chilipulver

80 g Nüsslisalat

**1** Für die Terrine die Kartoffeln schälen und in etwa 3 mm grosse Würfel schneiden, im Dampf garen, auf einem Kuchenblech ausdampfen lassen. Die Apfelschnitze in 3 mm grosse Würfelchen schneiden. Die Speckscheiben in kleine Quadrate schneiden. Den Apfelsaft mit Gemüsebrüheextrakt und Agar-Agar-Pulver in einer kleinen Pfanne glatt rühren, aufkochen, die Äpfel mit dem Speck zufügen, bei mittlerer Hitze 5 Minuten köcheln, die Kartoffeln zufügen, vermengen, pikant abschmecken. Die Masse in eine Terrineform füllen, 4 Stunden kühl stellen.

**2** Für die Vinaigrette den Traubensaft bei starker Hitze auf einen Esslöffel einreduzieren, mit dem Baumnussöl und dem Himbeeressig aufrühren, würzen. Vor dem Servieren geröstete Kürbiskerne und Traubenviertel zufügen.

**3** Für das Fleisch den Backofen auf 180 °C vorheizen. In einer Bratpfanne das Öl erhitzen, Filets darin rundum anbraten, mit Salz und Pfeffer würzen. In den vorgeheizten Ofen schieben, 5 Minuten gar ziehen lassen. Auf einem Kuchengitter 10 Minuten ruhen lassen.

**4** Die Schnitz-und-Drunder-Terrine auf eine flache Platte stürzen. Die Filetstücke in Scheiben schneiden und dazu anrichten. Den Nüsslisalat dazu legen. Fleisch und Salat mit der Vinaigrette beträufeln.

# Galantine von Wildente

**1 Wildente**
**5 gehackte Wacholderbeeren**
**1/2 unbehandelte Orange, abgeriebene Schale**
**1/2 TL gemahlene Koriandersamen**

**Füllung**
**50 g Pouletbrüstchen**
**Brustfilet und Brustspitzen der Wildente**
**1/2 TL Kräutermeersalz**
**1 Prise Cayennepfeffer**
**0,6 dl gekühlter Rahm**
**1/2 Bund gehackter Majoran**
**30 g Pistazien**

**Fond**
**1 l Geflügelbrühe**
**1/2 l Weißwein**
**1 Lorbeerblatt**
**1/2 EL zerdrückte Pfefferkörner**
**1 kleiner Lauch, klein geschnitten**
**100 g Knollensellerie, geschält und gehackt**
**1 mittelgrosse Karotte, geschält und gehackt**

*Tipps*
*Die Ente vom Metzger/Fachmann (Punkt 1) vorbereiten lassen. Galantine in Scheiben schneiden, mit dem Böhnchensalat, Seite 80, und einem Früchte-Chutney servieren.*

**1** Zum Ablösen der Haut die Ente auf beiden Seiten auf der Rückgratseite bis auf den Knochen einschneiden und die Haut ablösen. Schultergelenk ertasten, freilegen und durchtrennen, dazu das Gelenk ein wenig drehen. Fleisch der Karkasse entlang bis zum Hüftgelenk ablösen, dieses freilegen und durchtrennen. Fleisch entlang den Rippenknochen ablösen. Das Messer wird immer gegen die Karkasse geführt, bis zum Übergang beim Brustbein. Die andere Seite gleich auslösen. Nun das Brustbein von der Haut lösen, ohne es zu verletzen. Die Knochenstummel der Flügel und die Knochenreste der Schenkel umschneiden und abschaben und die Knochen herausschneiden. Nun das Fleisch sorgfältig von der Haut lösen. Das Schenkelfleisch von den Sehnen befreien, mehrmals einschneiden und leicht klopfen. Bei den Brüsten das Brustfilet ablösen, die Brustspitzen für die Füllung zur Seite legen.

**2** Ein umgekehrtes Blech mit Serviette oder Küchentuch belegen. Die Haut darauf legen. Mit der Hälfte der Gewürze einreiben. Schenkel und Brust mit der restlichen Gewürzmischung marinieren. Das Schenkelfleisch im Rechteck auf die Haut legen. Die Brust dazu legen. Mit einer Klarsichtfolie zudecken, im Kühlschrank 2 Stunden marinieren.

**3** Für die Füllung Pouletfleisch, Brustfilet und Brustspitzen der Ente klein würfeln, würzen, mit dem Rahm vermengen, 20 Minuten kühl stellen. Im Cutter fein hacken, Majoran und Pistazien unterrühren.

**4** Füllung auf das ausgelegte Schenkelfleisch streichen. Die Brüste auf die Schenkel legen und das Ganze mit der Serviette satt einrollen, mit einer Fleischschnur binden, so dass eine Wurst entsteht. In einen Bräter legen.

**5** Für den Fond die Zutaten aufkochen, über die «Wurst» giessen. In den auf 150 °C vorgeheizten Ofen schieben, bei 100 °C (Ofen zurückschalten) etwa 30 Minuten pochieren, bis die Galantine eine Innentemperatur von 60 °C hat. Im Fond erkalten lassen. Schnur und Serviette entfernen, 24 Stunden kühl stellen.

# Fasanenmousse

**für 4 Eierbecher oder**
**für eine flache Form**
**von 2 dl Inhalt**

**Gelee**
1 dl Fasanessenz, Seite 36
2 EL Portwein
1 g Agar-Agar-Pulver

**Mousse**
2 dl Wildgeflügelessenz, Seite 36
5 zerdrückte rosa Pfefferkörner
1 EL Madeira oder Portwein
1 unbehandelte Orange, wenig fein abgeriebene Schale
2 EL Orangensaft
1 Becher (2 dl) Rahm
1 TL Agar-Agar-Pulver
40 g Butter

**1** Eierbecher oder Form in den Tiefkühler stellen.

**2** Für das Gelee Fasanenessenz, Portwein und Agar-Agar-Pulver in einer kleinen Pfanne glatt rühren, aufkochen, bei schwacher Hitze 5 Minuten kochen, zugedeckt beiseite stellen.

**3** Wildgeflügelessenz, rosa Pfefferkörner, Madeira sowie Orangenschale und Orangensaft aufkochen, bei schwacher Hitze 5 Minuten kochen. Rahm mit dem Agar-Agar-Pulver glatt rühren, zur Essenz geben, erhitzen, bei schwacher Hitze auf etwa 2 dl einkochen lassen. Pfanne von der Wärmequelle nehmen, mit dem Stabmixer die Hälfte der Butter untermixen. Die cremig aufgemixte Sauce durch ein feines Sieb in eine Schüssel passieren, nochmals aufmixen, die restliche Butter unterrühren, in die Eierbecher oder in die Form füllen. Sobald die Mousse anfängt fest zu werden, mit dem flüssigen Gelee übergießen. Etwa 2 Stunden zugedeckt in den Kühlschrank stellen.

**4** Die Köpfchen mit einem Messer sorgfältig lösen, auf Teller stürzen. Oder Mousse mit Eisportionierer portionieren und auf Tellern anrichten.

**Tipp** Mit den marinierten Steinpilzen, Seite 80, garnieren.

# Aufgeschnittene Paupiette vom Wildschwein

**1 Wildschweinfilet**
**1 grosse rote Chilischote**
**$^1/_2$ rote Peperoni**
**2 EL Mie de Pain**
**1 Bund gehackter Thymian**
**Kräutermeersalz**
**$^1/_2$ dl Rahm**

**Olivenöl extra nativ**
**Balsamico**

**Marinade**
**1 TL zerdrückte Senfkörner**
**1 TL gehackte Rosmarinnadeln**
**1 Prise Cayennepfeffer**
**$^1/_2$ TL Meersalz**
**1 EL Olivenöl extra nativ**

**1** Die Spitze und das Ende des Filets abschneiden. Das Mittelstück mit einem langen Messer längs aufschneiden, so dass ein Rechteck entsteht, mit dem Messer leicht klopfen.

**2** Senfkörner, Rosmarin, Cayennepfeffer sowie Salz mit dem Olivenöl im Mörser verreiben, die Hälfte der Marinade auf dem Filetrechteck ausstreichen.

**3** Die Chilischote längs halbieren und entkernen, in kleine Quadrate schneiden. Die Peperonihälfte mit dem Sparschäler schälen, entkernen, in kleine Quadrate schneiden.

**4** Die Spitze und das Ende des Filets fein hacken. Restliche Marinade, Chili- und Peperoniwürfelchen, Mie de Pain sowie Thymian mit dem gehackten Fleisch vermengen, mit Kräutersalz würzen, den Rahm untermischen.

**5** Die Fleischfarce auf dem Filetrechteck ausstreichen, satt einrollen. Mit Küchenschnur binden.

**6** Den Backofen auf 180 °C vorheizen.

**7** Eine Bratpfanne aufheizen und mit wenig Olivenöl einpinseln. Die Paupiette bei mittlerer Hitze anbraten, in der Pfanne in den vorgeheizten Ofen schieben. Das Fleisch etwa 15 Minuten garen, bis die Paupiette eine Kerntemperatur von 60 °C hat.

**8** Das Fleischröllchen auf einen Teller legen.

**9** Das Fett in der Bratpfanne mit Küchenpapier auftupfen. Einige Esslöffel Balsamico zufügen, aufkochen, Bratsatz auflösen, durch ein Sieb in eine kleine Pfanne passieren, bei schwacher Hitze auf die Hälfte einkochen. Fleischröllchen in der Reduktion wenden, zugedeckt auskühlen lassen.

**10** Ausgekühlte Fleischröllchen dünn aufschneiden und anrichten. Mit dem eingekochten Balsamico eine Zeichnung machen.

*Tipp*
*Mit der lauwarmen Brioche, Seite 81, servieren.*

# Wildgeflügelessenz mit Fasanenklößchen

**Wildgeflügelessenz**
400 g Fasan- oder Poulet-schenkelfleisch
1 TL Meersalz
1 EL getrocknete Preiselbeeren
3 zerdrückte Wacholderbeeren
4 feine Ingwerscheiben
wenig klein geschnittene Petersilienwurzel
2 klein geschnittene Schalotten
wenig klein geschnittener Knollensellerie
2 Eiweiss
1 l Wildgeflügelfond, Seite 90

2 EL feine Lauchstreifen für die Garnitur

**Klößchen**
70 g Fasanenbrust
70 g Fasanen- oder Pouletleber
1 Msp Macis oder frisch geriebene Muskatnuss
Kräutermeersalz
frisch gemahlener weißer Pfeffer
1 dl Rahm
1 TL fein gehackter Estragon
½ Eiweiss

2 dl Geflügelfond

**1** Fleisch für die Essenz grob hacken, am besten durch die grobe Scheibe des Fleischwolfs drücken. Fleisch, Gewürze, Gemüse und Eiweiß gut vermengen, das Ganze mit dem Wildgeflügelfond in einen Kochtopf geben und bei mittlerer Hitze aufkochen, mit einem Bratenwender immer wieder rühren, damit das Eiweiss nicht anbrennt. Sobald die Brühe kocht, den Bratenwender herausnehmen, Wildgeflügelessenz auf kleinster Stufe etwa 30 Minuten ziehen lassen, durch ein feines Tuch passieren.

**2** Für die Klösschen das Fleisch und die Leber getrennt in kleine Würfel schneiden, würzen. Das Fleisch mit einer Folie zudecken und im Kühlschrank gut durchkühlen lassen. Den Rahm in eine Tasse giessen und 5 Minuten in den Tiefkühler stellen. Die Fleischwürfelchen mit dem Rahm im Cutter fein mixen, die Leber und das Eiweiss zufügen, fein pürieren. Die Farce durch ein Sieb streichen, Estragon unterrühren. Fleischmasse mit einem Teelöffel portionieren, d. h. Klößchen abstechen, im leicht kochenden Geflügelfond pochieren.

**3** Fasanenklösschen auf die vorgewärmten Suppentassen oder Suppenteller verteilen. Die Wildgeflügelessenz aufkochen, eventuell nachwürzen, Lauchstreifchen zufügen, zu den Klösschen geben.

# Hauptgerichte

# Rehrücken im südlichen Kleid

**1 küchenfertiger Rehrücken, ca. 1,2 kg**
**2 EL Erdnussöl**
**1 unbehanbdelte Blondorange**
**4 Knoblauchzehen**
**4 getrocknete Wildfeigen, halbiert**
**1 Radicchio di Treviso, nur die Spitzen**
**1 Brüsseler Endivie, nur die Spitzen**
**2 dl Wildsauce, Seite 89**
**1 EL Balsamico**
**Fleur de Sel**
**Chilipulver**
**1 TL Honig**

**Marinade**
**10 zerdrückte Wacholderbeeren**
**4 zerdrückte Pfefferkörner**
**1 EL gehackte Rosmarinnadeln**
**1 unbehandelte Orange, wenig abgeriebene Schale**
**1 EL Olivenöl extra nativ**

**1** Für die Marinade Gewürze und Orangenschale mit dem Olivenöl zu einer Marinade rühren. Den Rehrücken mit der Marinade einreiben, am besten über Nacht im Kühlschrank zugedeckt marinieren.

**2** Den Backofen auf 220 °C vorheizen.

**3** Eine Bratpfanne oder einen Bräter in der Grösse des Rehrückens erhitzen, das Erdnussöl erwärmen, den Rücken auf beiden Fleischseiten kurz anbraten, damit sich die Poren schließen. Den Rücken so drehen, dass er auf den Knochen liegt. Im Ofen bei 220 °C etwa 20 Minuten braten, bis ein wenig Blut austritt. Rehrücken auf einem Kuchenblech bei Zimmertemperatur ruhen lassen.

**4** Orange mit Schale in Spalten schneiden, entkernen. Knoblauchzehen schälen. Orangen, Knoblauchzehen, Wildfeigen, Radicchio und Brüsseler Endivie in einem Bräter etwa 10 Minuten unter Rühren rösten. 1 dl Wildsauce und Balsamico zufügen, mit Fleur de Sel, Chili und Honig abrunden.

**5** Rehrücken nochmals in den Bräter legen und kurz nachbraten, etwa 5 Minuten. Auf eine vorgewärmte Platte legen und mit den geschmorten Beilagen garnieren.

**6** Die Sauce in ein Pfännchen geben, mit der restlichen Wildsauce aufkochen, in der Saucière servieren.

**7** Den Rehrücken tranchieren, mit dem Gemüse und den Früchten anrichten.

**Tipp** Dazu passen Spätzli, Seite 73, oder Briocheknödel, Seite 74.

**Einkauf** Beim Einkauf eines Rehrückens darauf achten, dass er sehnenfrei ist und keine Blutgerinnsel aufweist. Der hintere Teil des Rückens ist das qualitativ wertvollere Stück, weil er das Filet enthält.

# Rehhaxe in Holundersauce

**4 Rehhaxen**
**1 EL Bratbutter**
**Meersalz**
**4 Schalotten, geschält**
**Rotweinmarinade (siehe unten)**
**100 g Holunderbeeren oder Holunderbeerkompott ohne Saft, Seite 91**
**1 dl Wildjus, Seite 88**

**Rotweinmarinade**
**2 dl kräftiger Rotwein**
**1 EL gehackte Rosmarinnadeln**
**je 4 zerdrückte Piment- und Nelkenpfefferkörner**
**100 g Holunderbeerkompott, Seite 91**
**1 TL Zitronenpfeffer**
**$^1/_2$ dl Himbeeressig**

**4 Steinpilze**
**Meersalz**
**1 Paket Chapati**

**1** Den Backofen auf 180 °C vorheizen.

**2** Sämtliche Zutaten für die Rotweinmarinade aufkochen, heiß über die Rehhaxen giessen. Bei Zimmertemperatur zugedeckt 2 Stunden marinieren.

**3** Haxen aus der Marinade nehmen, mit Küchenpapier trocken tupfen und salzen. Bratbutter in einer Bratpfanne erhitzen, Haxen anbraten. Schalotten zufügen, kurz mitbraten. Haxen und Schalotten in einen Schmortopf geben. Bratfett abgießen. Rotweinmarinade zufügen und aufkochen, Bratsatz auflösen, über die Haxen giessen. Holunderbeeren oder Holunderbeerkompott und Wildjus zufügen. Haxen im Ofen zugedeckt bei 180 °C rund 60 Minuten schmoren. Haxen aus der Sauce nehmen.

**4** Die Sauce in ein Pfännchen giessen, bei mittlerer Hitze auf 2 dl einkochen lassen.

**5** Die Steinpilze längs halbieren, auf dem Grillrost Farbe annehmen lassen. Eine beschichtete Bratpfanne aufheizen, Chapati beidseitig braten, bis sie Blasen werfen.

**6** Rehhaxen mit Sauce und Steinpilzen anrichten. Chapati dazulegen.

**Variante** Wenn kein Holunder verfügbar ist, gefrorene Heidelbeeren/Blaubeeren verwenden.

**Serviervorschlag** Mit dem Rosenkohl-Allerlei, Seite 79, servieren.

# Rehschnitzel auf Rotkrautrisotto

**8 Rehschnitzel, je 50 g**
**Meersalz**
**frisch gemahlene Koriander**
**frisch gemahlener schwarzer Pfeffer**
**40 g Speckwürfelchen**
**Bratbutter zum Braten**
**1/2 dl Madeira**
**1 dl Wildsauce, Seite 89**
**10 gehackte getrocknete Preiselbeeren**

**Rotkrautrisotto**
**1/2 Rotkabis, ca. 400 g**
**2 Schalotten**
**2 Birnen**
**3 dl kräftiger Rotwein**
**120 g Aquarello- oder Carneloni-Reis**
**1 EL Olivenöl extra nativ**
**1 EL Geflügelbrühepulver**
**1 EL Butter**
**2 EL geriebener Parmesan**
**1 Prise Cayennepfeffer**

**Marroni**
**200 g tiefgekühlte Marroni**
**1 dl Gemüsebrühe**
**10 g Butter**

*Variante*
*Für dieses Gericht können auch Hirschmedaillons vom Rücken oder Wildentenbrust verwendet werden.*

*Reis*
*Es lohnt sich, eine gute Qualität zu kaufen, weil das Korn nicht zerfällt und der Reis länger Biss hat.*

**1** Strunk und Blattrippen beim Rotkabis entfernen, Blätter quer in feine Streifen schneiden. Schalotten schälen und fein hacken. Eine Birne (die zweite ist für die Garnitur bestimmt) ungeschält vierteln, Kerngehäuse entfernen, die Fruchtviertel klein würfeln. Rotkabis, Schalotten, Birnenwürfelchen und Rotwein aufkochen.

**2** Reis im Olivenöl bei mittlerer Hitze glasig werden lassen, heisses Rotkraut und Geflügelbrühepulver zufügen, bei schwacher Hitze 10 Minuten kochen. Risotto immer wieder rühren, damit er nicht klebt. Zugedeckt beseite stellen.

**3** Gefrorene Marroni mit der Gemüsebrühe aufkochen, bei schwacher Hitze kochen, bis die Marroni weich sind. Vorsicht: Nicht rühren, den Garprozess überwachen, damit die Früchte nicht zerfallen. Mit der Butter verfeinern.

**4** Den Backofen auf 60 °C vorheizen.

**5** Die Rehschnitzel mit Salz, Koriander und Pfeffer würzen. Bratbutter in einer Bratpfanne erhitzen, Rehschnitzel auf beiden Seiten bei starker Hitze kurz braten. Auf eine Platte legen, bei Zimmertemperatur 5 Minuten stehen lassen, im vorgeheizten Ofen warm stellen.

**6** Die Speckwürfelchen in der Bratpfanne knusprig braten. Die zweite Birne ungeschält vierteln, das Kerngehäuse entfernen, die Viertel eventuell nochmals halbieren, zu den Speckwürfelchen geben und braten, bis sie leicht Farbe angenommen haben. Auf einem Teller warm stellen.

**7** Das Bratfett mit Küchenpapier auftupfen. Den Madeira zufügen, aufkochen, den Bratsatz auflösen. Wildsauce und die gehackten Preiselbeeren zufügen, aufkochen.

**8** Rotkrautrisotto erhitzen, mit Butter und Parmesan verfeinern. Auf die Teller verteilen, die Rehschnitzel dazu legen, mit Speckwürfelchen, Birnenschnitzen sowie Marroni garnieren. Wenig Jus zufügen, den Rest separat servieren.

# Rehwürfelchen an Traubensauce

**400 g Rehfleischwürfelchen zum Kurzbraten**
**Öl zum Braten**
**1/2 dl Weißwein**
**30 g weisse Lauchwürfelchen**
**2 dl Wildsauce, Seite 89**
**1 dl Rahm**
**8 weiße Traubenbeeren**
**8 blaue Traubenbeeren**

**Gewürzmischung**
**1 TL Kräutermeersalz**
**10 zerdrückte schwarze Pfefferkörner**
**5 zerdrückte Wacholderbeeren**
**10 zerdrückte rosa Pfefferkörner**

**1 Portion Spätzli, Seite 73**

**1** Alle Zutaten für die Gewürzmischung im Mörser oder im Cutter zerkleinern, die Lauchwürfelchen zufügen.

**2** Das Öl in einer Bratpfanne erhitzen, das Fleisch darin portionsweise anbraten, die Portionen immer wieder in ein Sieb geben und den Bratsaft auffangen. Es ist wichtig, nicht zu viel Fleisch aufs Mal in die Bratpfanne zu geben, damit es nicht zu stark abkühlt und auch eine schöne Kruste bekommt.

**3** Die Hälfte des Rahms steif schlagen. Die weissen und die blauen Traubenbeeren längs halbieren und entkernen.

**4** Weisswein in die Fleischpfanne geben, aufkochen, Bratsatz auflösen, Lauch zufügen, kurz köcheln, Wildsauce und flüssigen Rahm zufügen, die Sauce sämig einköcheln. Traubenbeeren und Fleisch zur Sauce geben, erhitzen. Steif geschlagenen Rahm unterziehen.

**Tipp** Für A-la-minute-Wildgerichte eignet sich nur Fleisch von Rücken und Schenkel, das sehnen- und fettfrei ist.

**Variante** Hirsch- oder Wildschweinsfleisch verwenden. Die Traubenbeeren durch Apfel- (Boskoop) oder Birnenwürfelchen ersetzen. Dieses Saucenfleisch kann auch ohne Rahm zubereitet werden; als Einlage eignen sich in diesem Fall Preiselbeeren und klein geschnittene Dörrzwetschgen.

# Ragout von der Hirschnuss an Birnensauce

1 kg Hirschragout
von der Schulter, ohne Knochen
1 EL gehackter Thymian
frisch gemahlener
schwarzer Pfeffer
frisch gemahlene Muskatnuss
je 1 Prise Nelken- und Zimtpulver
10 Saucenzwiebelchen
3 Schwarzwurzeln
2 Birnen
2–3 EL Öl zum Braten
1 EL Tomatenpüree
3 d kräftiger Rotwein
1 EL Mehl
3 dl Wildjus, Seite 88

Dörrbirnen für die Garnitur

**1** Das Hirschragout mit Küchenpapier trocknen, mit den Gewürzen vermengen, 20 Minuten marinieren.

**2** Die Saucenzwiebeln schälen und halbieren. Die Schwarzwurzeln schälen und in feine Scheiben schneiden. Die Birnen schälen, vierteln und entkernen, die Fruchtviertel in Würfelchen schneiden.

**3** Das Hirschragout in einem Schmortopf im heissen Öl portionsweise anbraten, in ein Sieb geben und den Bratsaft auffangen.

**4** Schwarzwurzeln und Saucenzwiebeln im Schmortopf braten, bis sie Farbe angenommen haben, in einer Schüssel beiseite stellen.

**5** Den Backofen auf 180 °C vorheizen.

**6** Das Hirschragout mit den Birnenwürfelchen in den Schmortopf geben, das Tomatenpüree unterrühren, das Bratgut mit dem Rotwein schluckweise ablöschen, die Flüssigkeit immer wieder einkochen lassen, bis das Ragout dunkelbraun ist, mit dem Mehl bestäuben, kurz rösten. Wildjus und Bratsaft zufügen, aufkochen. Zugedeckt in den Ofen schieben, bei 180 °C 40 Minuten schmoren. Das Ragout in ein Sieb geben und die Sauce in einem Kochtopf auffangen und bei mittlerer Hitze auf die Hälfte einkochen lassen. Zwiebeln sowie Schwarzwurzeln zufügen, erhitzen, eventuell nachwürzen.

**Ragout** Es ist wichtig, dass das ganze Ragout vom gleichen Fleischstück ist, damit es die gleiche Garzeit hat.

**Tipp** Mit Kartoffelstock/-püree, Seite 76, Gewürz-Rotkraut, Seite 78, und Marroni, Seite 82, servieren.

# Hirschkarree in der Kürbiskruste überbacken

**1 Hirschkarree oder Hirschracks, 720 g**
**Meersalz**
**1 dl Apfelsaft**
**10 zerdrückte Koriandersamen**
**$^1/_2$ Sternanis, zerdrückt**
**1 Prise Cayennepfeffer**
**1 Portion Wildsauce, Seite 89**
**1 EL Butter**
**1 EL Honig**

**Kürbiskernkruste**
**50 g Kürbiskerne**
**100 g altbackenes Weissbrot**
**1 durchgepresste Knoblauchzehe**
**3 EL frisch gehackte Kräuter, z. B. Petersilie, Thymian, Rosmarinnadeln**
**50 g zimmerwarme Butter**
**1 EL Magerquark**
**frisch gemahlener schwarzer Pfeffer**

**Marinade**
**$^1/_2$ unbhandelte Orange, abgeriebene Schale**
**1 TL geriebener Ingwer**
**1 gehackte Pfeffer-/Chilischote**
**1 zerquetschte Knoblauchzehe**
**1 EL gehackte Rosmarinnadeln**
**4 EL Olivenöl extra nativ**

**Rübenstroh**
**1 Karotte, in spaghettifeinen Streifen**
**1 Pfälzer Rübe, inspaghettifeinen Streifen**
**2 EL Mehl**
**1 dl Erdnussöl zum Ausbacken**

**1** Für die Marinade alle Zutaten verrühren. Hirschkarree mit der Marinade einreiben, im Kühlschrank einen Tag oder länger zugedeckt marinieren.

**2** Für die Kürbskernkruste die Kürbiskerne bei starker Oberhitze kurz rösten, auskühlen lassen, dann fein hacken. Das trockene Weissbrot im Cutter fein mahlen oder mit dem Nudelholz fein zerstossen. Butter mit dem Schneebesen luftig aufschlagen. Alle Zutaten vermengen, eine Rolle formen, diese in Klarsichtfolie einwickeln und kühl stellen.

**3** Den Backofen auf 200 °C vorheizen.

**4** Eine Bratpfanne aufheizen, das Hirschkarree rundum kräftig anbraten, in den vorgeheizten Ofen schieben, 15 Minuten braten. Das Karree aus dem Ofen nehmen, salzen, auf einem Teller bei Zimmertemperatur rund 10 Minuten stehen lassen. Ofen auf 60 °C zurückschalten. Die Ofentür öffnen, bis die Temperatur erreicht ist. Das Karree im Ofen warm stellen.

**5** Den Apfelsaft in die Fleischpfanne geben, aufkochen, Bratsatz auflösen, Koriander, Sternanis, Cayennepfeffer und Wildsauce zufügen, in eine Saucenpfanne umgiessen, Sauce bei schwacher Hitze warm halten. Kurz vor dem Servieren aufkochen, die Butter unterrühren.

**6** Für das Rübenstroh das Erdnussöl erhitzen. Karotten- und Pfälzerstreifen im Mehl wenden, im heißen Öl knusprig braten. Auf Küchenpapier abtropfen lassen, warm stellen.

**7** Ofen auf 240 °C vorheizen. Karree mit dem Honig bestreichen. Kürbiskernmasse 5 mm dick auf dem Karree verstreichen, auf der untersten Schiene in den Ofen schieben, bei 240 °C Oberhitze 5–8 Minuten überbacken.

**Serviervorschlag** Karree aufschneiden, mit Rübennstroh und Marronimedaillons, Seite 75, und Birne im Preiselbeersaft, Seite 85, servieren. Sauce separat servieren.

# Hirschfilet im Wirzblatt

**500 g Hirschfilet**
**Meersalz**
**frisch gemahlener schwarzer Pfeffer**
**2 EL Bratbutter zum Braten**
**1 dl Rahm**
**1/2 Scheibe Toastbrot, klein gewürfelt**
**1 unbehandelte Orange, einige Zesten**
**3 EL Rosinen**
**Kräutermeersalz**
**Cayennepfeffer**
**4 grosse Wirzblätter**
**1 EL Bratbutter**
**1 dl Wildsauce, Seite 89**
**1 TL grobkörniger Senf**
**1/2 dl Schlagrahm**
**1 TL Rum**

**1 EL Bratbutter**
**1 Apfel**
**4 Shiitake**
**1 kleiner Romanesco**
**Schnittlauch für die Garnitur**

**Fleur de Sel**

*Variante*
*Auch eine zarte Fasanenbrust eignet sich für dieses Rezept. Die Wirzblätter schützen das Fleisch vor dem Austrocknen.*

*Serviervorschlag*
*Mit Grießhalbmonden, Seite 73, oder Schupfnudeln, Seite 77, servieren.*

**1** Beim Hirschfilet von der Spitze 100 g abschneiden und klein würfeln. Fleischwürfelchen mit Rahm, Toastbrot, Orangenzesten und Rosinen vermengen, mit Cayennepfeffer und Kräutersalz würzen, zugedeckt 1 Stunde kühl stellen.

**2** Das Hirschfilet mit Salz und Pfeffer würzen. Bratbutter in einer Bratpfanne erhitzen, Filet rundum kräftig anbraten, auf einem Teller erkalten lassen.

**3** Bei den Wirzblättern die harte Mittelrippe entfernen, Blätter im Salzwasser blanchieren, im Eiswasser (Wasser mit Eiswürfeln) abkühlen, auf Küchenpapier trocknen lassen.

**4** Wirzblätter auf einem Küchentuch zu einem Rechteck in der Grösse des Hirschfilets auslegen, mit Kräutersalz und Pfeffer würzen. Die Hirschwürfelchen im Cutter fein hacken, das Brät auf dem Wirz verstreichen. Filet darauf legen, satt einrollen, mit Küchenschnur zu einer Roulade binden.

**5** Den Backofen auf 180 °C vorheizen.

**6** Die Bratbutter in einer Bratpfanne erhitzen, Roulade rundum anbraten. In der Mitte in den vorgeheizten Ofen schieben, bei 180 °C 15 Minuten braten. Aus dem Ofen nehmen, 10 Minuten stehen lassen.

**7** Apfel mit Schale vierteln und entkernen, Fruchtviertel in Spalten schneiden. Shiitake in Streifen schneiden. Romanesco in kleine Röschen brechen. Äpfel, Pilze und Gemüse in der Bratbutter braten, mit Kräutersalz würzen.

**8** Die Wildsauce in der Fleischbratpfanne aufkochen, Bratsatz auflösen, Senf beifügen, kurz vor dem Servieren mit Schlagrahm und Rum verfeinern.

**9** Hirschroulade in Scheiben schneiden, auf vorgewärmten Tellern anrichten, mit wenig Fleur de Sel bestreuen. Das Filet mit dem Gemüse-Pilz-Frucht-Potpourri umgeben, dieses mit wenig Sauce beträufeln. Mit Schnittlauch garnieren. Restliche Sauce separat servieren.

# Hochzeit von Wildente und Fasan im Brickteig

**1 Wildentenbrust**
**1 Fasanenbrust**
**1 Scheibe Toastbrot ohne Rinde**
**1 dl Rahm**
**frisch gemahlener**
**schwarzer Pfeffer**
**Chilipulver**
**Kräutermeersalz**
**2 getrocknete Aprikosen**
**2 EL getrocknete Preiselbeeren**
**1 EL geröstete Pinienkerne**
**Öl zum Braten**
**4 Scheiben Rohschinken**
**1 Brickblatt oder**
**100 g Strudelteig**
**flüssige Butter**

**Schmoräpfel**
**4 kleine Äpfel**
**1 dl Apfelsaft**
**3 Ingwerscheiben**
**1/2 Chilischote, aufgeschnitten**
**1 dl Wildsauce, Seite 89**
**20 g kalte Butterstückchen**

*Tipp*
*Kann gut vorbereitet werden.*

*Variante*
*Anstelle des Bricks- oder Strudelteigs eignen sich auch Blätter- oder Briocheteig.*

*Serviervorschlag*
*Mit Rahmwirz, Seite 81, und hausgemachten feinen Nudeln, Seite 74, servieren.*

**1** Wildenten- und Fasanenbrust häuten. Bei beiden Fleischstücken die Spitzen und den schmalen Seitenteil abschneiden.

**2** Fleischabschnitte in kleine Würfel schneiden. Toastbrot ebenfalls in kleine Würfel schneiden, mit dem Rahm und den Fleischwürfelchen vermengen, mit Pfeffer, Chilipulver und Kräutersalz würzen, im Kühlschrank 1 Stunde kühlen lassen, im Cutter zu Brät verarbeiten. Aprikosen in kleine Würfel schneiden. Preiselbeeren und Pinienkerne hacken, zusammen mit den Aprikosen unter das Brät mischen. Kühl stellen.

**3** Wildenten- und Fasanenbrust mit Kräutersalz und schwarzem Pfeffer würzen, in einer Bratpfanne in wenig Öl anbraten, auf einem Teller auskühlen lassen.

**4** Den Backofen auf 200 °C vorheizen.

**5** Für die Schmoräpfel den Apfelsaft mit Ingwer und Chilischote aufkochen. Die ganzen Äpfel in eine kleine Bratpfanne stellen, kochenden Apfelsaft darüber giessen. Die Bratpfanne in der Mitte in den Ofen schieben, Äpfel bei 200 °C weich schmoren, die Früchte von Zeit zu Zeit mit dem Saft übergiessen. Schmorsaft zusammen mit der Wildsauce auf 1 dl einkochen. Vor dem Servieren mit den Butterstückchen aufschlagen, nicht mehr kochen.

**6** Die Rohschinkenscheiben zu einem Rechteck legen, das Brät darauf verstreichen. Die Brüste darauf legen und satt einrollen. Päckchen auf den Brick- oder Strudelteig legen, mehrmals einrollen, jede Schicht mit flüssiger Butter bepinseln. Die Rolle in den vorgeheizten Ofen schieben und bei 200 °C rund 20 Minuten backen. Vor dem Aufschneiden 10 Minuten ruhen lassen.

**7** Fleischpäckchen in 4 gleich grosse Scheiben schneiden, mit dem Schmorapfel anrichten und mit dem Apfeljus umgeben.

# Poelierte Fasanenbrust mit Pak-Choi und Ingwerjus

**4 Fasanenbrüste ohne Flugknochen**
**1 TL frisch geriebener Ingwer**
**1/2 TL gemahlener Koriander**
**2 gehackte Schalotten**
**12 feine Ingwerscheiben**
**1 EL Butter**
**1 dl Weißwein**
**1 dl Wildgeflügelfond, Seite 90**
**1 EL Olivenöl extra nativ**
**8 halbierte Cherrytomaten**
**1 kleiner Pak-Choi**
**1 EL Sojasauce**
**Kräutermeersalz**
**frisch gemahlener schwarzer Pfeffer**
**1 EL Sherry**
**1 TL Maisstärke**

**1 Portion Griess-Halbmonde, Seite 73**

**1** Fasanenbrüstchen mit Ingwer und Koriander einreiben, längs einrollen, mit Küchenfaden binden.

**2** Den Backofen auf 150 °C vorheizen.

**3** Schalotten und die Hälfte der Ingwerscheiben in einer flachen Pfanne in der Butter dünsten. Brüstchen in die Pfanne legen, Weißwein darüber giessen. Zugedeckt in der Mitte in den Ofen schieben, bei 150 °C weich dünsten (poelieren). Das Fleisch aus dem Fond nehmen und im ausgeschalteten Ofen warm stellen.

**4** Fond durch ein feines Sieb passieren, mit dem Wildgeflügelfond auf 1 dl einkochen.

**5** Öl in einer Bratpfanne erhitzen, Cherrytomaten mit der Schnittfläche nach unten hineinlegen und leicht Farbe annehmen lassen, warm stellen. Geputzten und in die einzelnen Blätter zerlegten Pak-Choi mit restlichem Ingwer in die Bratpfanne geben, würzen, mit dem Geflügelfond ablöschen, 2 Minuten zugedeckt köcheln. Maisstärke mit Sherry glatt rühren, unter das Gemüse rühren, nochmals aufkochen. Fasanenbrüstchen und Tomaten zufügen. Auf der ausgeschalteten Wärmequelle zugedeckt etwa 2 Minuten ziehen lassen.

**6** Fasanenbrüstchen aufschneiden, mit dem Gemüse anrichten. Goldgelb gebratene Griess-Halbmonde separat dazu servieren.

**Variante** Fasanen- durch Perlhuhnbrust ersetzen.

# Zweierlei Fasan mit Tagliatelle

**2 Fasanenbrüstchen, ca. 140 g**
**4 feste Rosmarinzweige**
**rosa Pfeffer aus der Mühle**
**Öl zum Braten**

**4 Fasanenoberschenkel**
**Kräutermeeersalz**
**frisch gemahlener**
**schwarzer Pfeffer**
**1 TL Bratbutter**
**50 g Speckwürfelchen**
**2 gehackte Schalotten**
**2 getrocknete Feigen,**
**klein gewürfelt**
**1 EL gehackter Majoran**
**1 TL geschrotete**
**schwarze Pfefferkörner**
**2 dl Wildgeflügelfond, Seite 90**
**1 dl Apfelwein**
**1 TL Birnendicksaft**
**2 EL Himbeeressig**

**1 Portion Nudeln, Seite 74**

**100 g entstielter Spinat,**
**grob geschnitten**
**frisch geriebene Muskatnuss**
**rosa Pfeffer aus der Mühle**
**Kräutermeersalz**
**½ dl Schlagrahm**

**1** Fasanenbrüstchen in 16 Streifen schneiden, einrollen und auf die Rosmarinzweige stecken, mit dem rosa Pfeffer würzen. In den Kühlschrank stellen.

**2** Den Backofen auf 60 °C vorheizen.

**3** Die Fasanenoberschenkel von den Knochen befreien, in 5 mm grosse Würfel schneiden. Bratbutter in einer flachen Bratpfanne erhitzen und die Speckwürfelchen knusprig en, die Fleischwürfelchen mit Kräutersalz würzen, zusammen mit Schalotten, Feigen, Majoran und geschrotetem Pfeffer zufügen, zugedeckt 5 Minuten bei mittlerer Hitze dünsten, mit dem Wildfond und dem Apfelwein auffüllen, bei mittlerer Hitze zugedeckt 20 Minuten garen. Das Fleisch in ein Sieb abgiessen, die Sauce auffangen und zurück in die Pfanne geben, zu einer dickflüssigen Sauce einkochen. Das Fleisch wieder zur Sauce geben, mit Birnendicksaft und Himbeeressig abrunden, warm stellen.

**4** Spiesschen mit Salz und Pfeffer würzen, im Öl beidseitig braten, im Ofen bei 60 °C warm stellen.

**5** Nudeln im Salzwasser al dente kochen, abgießen.

**6** Spinatstreifen in einer flachen Pfanne zusammenfallen lassen, mit Muskat, Pfeffer und Kräutersalz würzen. Die Nudeln zum Spinat geben, Schlagrahm unterziehen.

**7** Nudeln auf Tellern anrichten, Spiesschen darauf legen. Fasanenragout in einer kleinen Schale dazu servieren.

# Toskanischer Wildschweinspfeffer

**800 g Wildschweinsschulter**
**1 EL zerdrückte Wacholderbeeren**
**1 Lorbeerblatt**
**2 geschälte, zerdrückte Knoblauchzehen**
**3 zerdrückte Pimentkörner**
**1 l kräftiger Rotwein**
**1 dl Rotweinessig**
**2 EL Erdnussöl**
**2 kleine Karotten, in 1 cm langen Stücken**
**2 kleine Zwiebeln, halbiert**
**1 geschälte rote Peperoni, in 1 cm grossen Quadraten**
**Kräutermeersalz**
**frisch gemahlener schwarzer Pfeffer**
**2 EL Preiselbeerkompott**
**1/2 l Wildfond, Seite 88**

**2 kleine Artischocken**
**1 EL Olivenöl extra nativ**
**je 8 grüne und schwarze Oliven**

*Serviervorschlag*
*Mit grünen Gnocchi, Seite 75, sowie Gewürz-Rotkraut, Seite 78, servieren.*

*Fleischbeize*
*Für die Beize nur Wein von bester Qualität verwenden. Der Wildschweinepfeffer ist saftiger als Reh- und Hirschpfeffer, da er einen höheren Fettanteil hat.*

**1** Das Fleisch in gleich grosse Würfel schneiden, mit Wacholderbeeren, Lorbeerblatt, Knoblauchzehen, Pimentkörnern, Rotwein und Rotweinessig in einen Tontopf geben, bei Zimmertemperatur zugedeckt 2 Tage ziehen lassen.

**2** Den Backofen auf 180 °C vorheizen.

**3** Den Wildschweinspfeffer in ein Sieb geben, den Fond auffangen. Die Fleischstücke mit Küchenpapier trocken tupfen. Erdnussöl in einem Brattopf erhitzen, Fleischstücke unter ständigem Rühren kräftig anbraten. Karotten, Zwiebeln und Peperoni zufügen, bei starker Hitze hellbraun braten, mit Salz und Pfeffer würzen, Rotweinfond zufügen, aufkochen und den Bratfond auflösen. Preiselbeerkompott und Wildfond zufügen, aufkochen, den Wildschweinspfeffer 40 bis 50 Minuten schmoren. Den Topfinhalt in ein Sieb geben. Fond in die Pfanne zurückgeben, auf 1/2 l einkochen. Das Ragout wieder zur Sauce geben, bei schwacher Hitze zugedeckt warm halten.

**4** Die Artischockenblätter sorgfältig abbrechen, Stiel auf 2 cm kürzen. Die grüne Schicht abschneiden, so dass die weissen Artischockenböden mit Stiel zurückbleiben. Die Böden in Achtel schneiden, Blütenfäden entfernen. Das Olivenöl in einer Bratpfanne erhitzen, die Artischockenstücke goldgelb braten, die Oliven kurz mitbraten.

**5** Wildschweinspfeffer mit der Garnitur anrichten.

# Zweierlei von Wildschwein mit Olivenöl-Gemüsepüree

**1 Wildschweinsfilet**
**1 TL Zitronenpfeffer**
**4 EL Holunderkompott, Seite 91**
**400 g Wildschweinshuft**
**einige zerdrückte**
**weiße Pfefferkörner**
**Meersalz**
**2 Zucchini**
**1 Spross Stangen-/Staudensellerie**
**2 Schalotten**
**1 kleiner Apfel**
**2 Knoblauchzehen**
**1 unbehandelte Zitrone**
**2 dl Olivenöl extra nativ**
**1 Bund glattblättrige Petersilie**
**2 EL Kapern**
**1 EL Olivenöl extra nativ**
**1 dl Wildsauce, Seite 89**

**1** Wildschweinsfilet mit dem Zitronenpfeffer einreiben. In den Kühlschrank legen.

**2** Wildschweinshuft mit den zerdrückten weißen Pfefferkörnern und mit Salz einreiben.

**3** Den Backofen auf 160 °C vorheizen.

**4** Die Zucchini schälen, die Schalen hacken und beiseite stellen. Zucchini, Sellerie, Schalotten und geschälten Apfel klein schneiden. Geschälte Knoblauchzehen quetschen. Die Hälfte der Schale der Zitrone abreiben, die Frucht auspressen. Sämtliche Zutaten, ohne Zucchinischalen, mit dem Olivenöl vermengen. Das Olivenöl-Gemüsegemisch im Schmortopf erwärmen, die Huft darauf legen. Den Topf in der Mitte in den Ofen schieben, das Fleisch bei 160 °C 2 Stunden schmoren. Garprobe: mit der Tranchiergabel in die Huft stechen. Wenn man sie ohne Widerstand herausziehen kann, ist das Fleisch gar. Die Huft im ausgeschalteten Ofen warm halten.

**5** Gemüse, Zucchinischalen und gehackte Petersilie fein pürieren, mit Kräutersalz und Pfeffer abschmecken. Warm stellen.

**6** Wildschweinsfilet in einer Bratpfanne im Öl kräftig anbraten, trocken getupfte Kapern zufügen und knusprig braten, auf Küchenpapier abtropfen lassen. Wärmequelle auf mittlere Stufe zurückschalten, Filet zugedeckt 5 Minuten braten, im Ofen warm stellen. Wildjus in die Bratpfanne geben, aufkochen, Bratsatz auflösen, Holunderkompott zufügen, wenig einköcheln. Das Filet in der Sauce wenden.

**7** Die Wildschweinshuft aufschneiden, mit der Sauce überziehen und den Kapern bestreuen. Aufgeschnittenes Filet auf dem Gemüsepüree anrichten.

*Serviervorschlag*
*Mit Trevisanoröllchen, Seite 78, servieren.*

*Tipps*
*Rosa gebratenes Fleisch etwa 1 Stunde vor dem Anbraten aus dem Kühlschrank nehmen. Das restliche Gemüsepüree zum Anreichern von Salatsaucen und als Sauce zu Grilladen verwenden.*

# Saltimbocca von Jungwildschwein auf Shiitake

12 Wildschweins-
medaillons, je 30 g
frisch gemahlener
schwarzer Pfeffer
6 Scheiben Rohschinken,
längs halbiert
12 kleine Salbeiblätter
2 EL Olivenöl extra nativ
12 mittelgrosse Shiitake
ohne Stiel
frisch gemahlener
schwarzer Pfeffer
Kräutermeersalz
1/2 dl Weißwein

1 EL Butter
1 Portion Schupfnudeln, Seite 77
1 EL Salbeistreifchen

**Karotten-Ingwer-Sauce**
2 dl Karottensaft
100 g geschälte, klein
geschnittene Karotten
2 EL fein geriebene Ingwerwurzel
1 TL Rundkornreis
Kräutermeersalz
Chilipulver
Himbeeressig
20 g kalte Butterstückchen

1 Wildschweinsmedaillons mit dem Pfeffer bestreuen, mit den Salbeiblättern belegen, in den Rohschinken einwickeln.

2 Für die Sauce Karottensaft, Karotten, Ingwer und Reis bei schwacher Hitze 20 Minuten kochen. Mit Stabmixer pürieren und durch ein feines Sieb passieren. Kurz vor dem Servieren aufkochen, mit Kräutersalz, Chilipulver und Himbeeressig abschmecken. Die kalteb Butterstückchen unter die heiße Sauce schlagen, nicht mehr kochen.

3 Den Backofen auf 60 °C vorheizen. Eine Platte warm stellen.

4 Das Olivenöl in einer Bratpfanne erhitzen, die Wildschweinsmedaillons beidseitig je 2 Minuten braten, auf die vorgewärmte Platte legen.

5 Die Pilze in der Fleischpfanne braten, mit Kräutersalz und Pfeffer würzen. Weisswein zufügen, Shiitake 5 Minuten zugedeckt schmoren.

6 Schupfnudeln und Salbei in der Butter schwenken.

7 Saltimbocca auf den Pilzen anrichten, mit der Karotten-Ingwer-Sauce umgiessen, Schupfnudeln dazu anrichten.

# Rehmedaillons

8 Rehmedaillons vom Filet, je 40 g
1 TL Meersalz
1–2 EL Öl zum Braten
2 dl Wildfond, Seite 88.
2 Schalotten, fein gehackt
1 EL gehackte Rosmarinnadeln
1 TL Honig
1 EL Butter

**Marinade**
1/2 TL Kreuzkümmelsamen
einige Orangenzesten
10 Koriandersamen
1 Prise Cayennepfeffer
1 EL Olivenöl extra nativ

**1** Zutaten für die Marinade im Mörser fein verreiben, Rehmedaillons damit einreiben, mindestens 3 Stunden marinieren.

**2** Den Backofen auf 60 °C vorheizen.

**3** Die Medaillons mit dem Salz bestreuen. Das Öl in einer Bratpfanne erhitzen, die Medaillons auf beiden Seiten 2 Minuten braten, auf eine Platte legen, im vorgewärmten Ofen warm stellen.

**4** Bratfett abgiessen, Bratsatz mit dem Wildfond auflösen, Schalotten und Rosmarin zufügen, Sauce bei mittlerer Hitze auf die Hälfte einkochen, kurz vor dem Servieren mit dem Honig und der Butter aufmixen.

**5** Rehmedaillons im hesisen Wildfond drehen, auf vorgewärmten Tellern anrichten. Die Sauce separat servieren.

**Tipp** Mit den Rosenkohlravioli, Seite 83, servieren.

# Wildentenbrust mit Honig-Sternanis-Sauce

**4 Wildentenbrüste, ca. 120 g**
**8 zerdrückte Wacholderbeeren**
**1/2 unbehandelte Orange, Zesten**
**1 TL gehackter Thymian**
**1 entkernte, fein gehackte Chilischote**
**1 EL Olivenöl extra nativ**
**Olivenöl extra nativ zum Braten**
**Meersalz**

**Sauce**
**1 dl kräftiger Rotwein**
**2 gehackte Schalotten**
**1 dl frisch gepresster Orangensaft**
**1 zerdrückter Sternanis**
**wenig Zimtrinde**
**2 dl Wildfond, Seite 88**
**1 EL Honig**
**1 Msp Cayennepfeffer**

**Gemüse**
**1 TL grobkörniger Senf**
**1 TL Apfelessig**
**1 EL Haselnussöl**
**Kräutermeersalz**
**100 g knackig gegarte grüne Bohnen**
**2 EL gekochte Linsen, z. B. Berglinsen oder rote Linsen**

**1 Portion Briocheknödel, Seite 74**

**1** Die Fettschicht bei den Entenbrüstchen kreuzweise einschneiden. Gewürze mit dem Olivenöl mischen, das Fleisch damit einreiben. Am besten über Nacht im Kühlschrank marinieren.

**2** Backofen mit einem runden Kuchenblech auf 80 °C vorheizen.

**3** In einer Bratpfanne wenig Olivenöl erhitzen, Wildentenbrüstschen auf der Fettseite 2 Minuten braten, wenden und auch auf der Innenseite 2 Minuten braten. Das Fleisch auf das vorgewärmte Kuchenblech legen, mit Salz würzen. In den vorgewärmten Ofen schieben, bei 80 °C 30 Minuten niedergaren. Temperatur auf 60 °C zurückschalten, dazu Ofentüre öffnen, bis die Temperatur erreicht ist. Bei 60 °C können die Brüstchen bis zu 20 Minuten warm gehalten werden.

**4** Für die Sauce Schalotten mit Rotwein, Orangensaft, Sternanis und Zimt bei mittlerer Hitze sirupähnlich einkochen. Wildfond zugeben, bei mittlerer Hitze auf die Hälfte einkochen. Sauce durch ein feines Sieb passieren, nochmals aufkochen, mit Honig und Cayennepfeffer abrunden.

**5** Für die Gemüsesauce Senf, Essig und Haselnussöl in einer flachen Pfanne unter Rühren erwärmen, mit Kräutersalz würzen, Bohnen und Linsen zufügen, erwärmen.

**6** Die Wildentenbrüstchen dünn aufschneiden, mit dem Gemüse und den Briocheknödeln anrichten. Sauce separat servieren.

# Beilagen

# Brioche

**für eine kleine Cakeform oder Briocheförmchen**

**1/2 dl lauwarme Milch**
**10 g Zucker**
**10 g Hefe**
**1 EL Mehl**
**1/2 dl Milch**
**1 Freilandei, 50 g**
**2 Eigelbe von Freilandeiern, 80 g**
**200 g Weizen- oder Dinkelweissmehl**
**80 g weiche Butter**
**1 TL Meersalz**
**1 TL Rum**

**1 Eigelb zum Bepinseln**

**weiche Butter für die Form/Förmchen**

**1** Für den Vorteig lauwarme Milch, Zucker, zerbröckelte Hefe und Mehl glatt rühren, Schüssel mit Klarsichtfolie zudecken. Den Teig bei Zimmertemperatur auf das doppelte Volumen aufgehen lassen, etwa 40 Minuten.

**2** Milch, Ei und Eigelbe glatt rühren, zum Vorteig geben. Das Mehl dazusieben, zu einem festen Teig kneten. Die Butter in kleinen Portionen einkneten, den Teig in der Küchenmaschine auf mittlerer Stufe 20 Minuten kneten. Die Schüssel mit Klarsichtfolie zudecken, den Teig 30 Minuten gehen lassen.

**3** Den Backofen auf 220 °C vorheizen. Die Backform/-förmchen gut mit der weichen Butter einfetten.

**4** Den Teig nochmals gut durchkneten, in die Form oder die Förmchen füllen, 20 Minuten gehen lassen. Mit dem Eigelb bepinseln.

**5** Form/Förmchen in der Mitte in den Ofen schieben, 4 Esslöffel kaltes Wasser auf den Backofenboden giessen; Türe sofort schliessen, damit der Dampf nicht entweichen kann. Den Backofen auf 180 °C zurückschalten. Die Backzeit beträgt für den Cake etwa 20 Minuten, für die Förmchen 10 Minuten.

# Spätzli

**2 Freilandeier**
**1/2 dl/50 ml kohlensäurehaltiges Mineralwasser**
**1/2 TL Meersalz**
**frisch gemahlener schwarzer Pfeffer**
**1 Msp frisch geriebene Muskatnuss**
**200 g Weizen- oder Dinkelweißmehl**

*Variante*
*Spätzli lagenweise in eine Form/ in eine Schüssel füllen, jede Lage mit geriebenem Käse bestreuen. In einer kleinen Pfanne 2 Esslöffel Butter aufschäumen, 2 Esslöffel Paniermehl unterrühren, über die Spätzli verteilen.*

**1** Die Eier mit dem Mineralwasser und dem Salz verquirlen, mit Pfeffer und Muskatnuss abschmecken.

**2** Das Mehl in eine Schüssel sieben und eine Vertiefung formen. Die Eimasse hineingiessen, zu einem Teig rühren, dann schlagen, bis er Blasen wirft. 1 Stunde zugedeckt ruhen lassen.

**3** In einem Kochtopf reichlich Salzwasser aufkochen. Den Spätzliteig auf ein rechteckiges Brett geben, mit dem Suppenlöffel schmale Spätzli ins Kochwasser schaben oder den Teig durch ein Spätzlisieb drücken. Sobald die Spätzli an die Oberfläche steigen, mit einem Schaumlöffel herausnehmen und unter kaltem Wasser abschrecken. In eine Schüssel geben.

**4** Spätzli kurz vor dem Servieren in einer beschichteten Pfanne in wenig Butter schwenken.

# Griess-Halbmonde

**1/2 l Milch**
**1/2 TL Kräutermeersalz**
**frisch geriebene Muskatnuss**
**130 g Weizengriess**
**1 Eigelb von einem Freilandei**
**2 EL fein gehackte Gartenkräuter**
**50 g geriebener Parmesan**

**Bratbutter/Butterschmalz zum Braten**

**1** Die Milch aufkochen, mit Kräutersalz und Muskatnuss würzen, den Griess einrieseln lassen, unter ständigem Rühren bei schwacher Hitze zu einem festen Brei kochen, die Pfanne von der Wärmequelle nehmen, den Brei abkühlen lassen.

**2** Eigelb, Kräuter und Parmesan unter den Griess rühren. Die Masse auf einem Blechrücken etwa 1 cm dick ausstreichen. Mit Klarsichtfolie zudecken, vollständig auskühlen lassen.

**3** Aus der Griessmasse mit einem Guetzliausstecher Halbmonde ausstechen, in einer beschichteten Bratpfanne in der Bratbutter goldgelb braten.

# Nudelteig

**2 Freilandeier**
**1 Eigelb von einem Freilandei**
**$^1/_2$ TL Meersalz**
**1 EL Olivenöl extra nativ**
**175 g Weizen- oder Dinkelweissmehl**
**75 g Knöpflimehl**

**1** Eier, Eigelb, Salz und Olivenöl mit dem Schneebesen aufschlagen.

**2** Mehl und Knöpflimehl in einer Schüssel mischen, eine Vertiefung formen. Die Eiermasse hineingiessen, zu einem zähen Teig verarbeiten, mindestens 10 Minuten kneten, damit der Kleber gut herausgearbeitet wird. Den Nudelteig in eine Klarsichtfolie einwickeln, bei Zimmertemperatur mindestens 1 Stunde ruhen lassen.

**3** Aus dem Teig 3 Streifen von 5 cm Breite und 5 mm Dicke ausrollen. Jedes Band mit der Nudelmaschine stufenweise auf 1 mm Dicke ausrollen. Aus den Bändern beliebig breite Nudeln schneiden, 15 mm für Pappardelle, 5 mm für Tagliatelle, 2 mm für Tagliarini.

**4** Die Nudeln in reichlich Salzwasser al dente kochen, abgiessen, in der Butter schwenken.

# Briocheknödel

**250 g Brioche oder Zopf**
**1 Schalotte**
**1 Knoblauchzehe**
**1 TL Butter**
**20 g gehackte Kräuter, z. B. Petersilie, Majoran, Kerbel**
**ca. 1 dl lauwarme Milch**
**2 Freilandeier**
**Kräutermeersalz**
**frisch geriebene Muskatnuss**

**1** Brioche in 1 cm grosse Würfel schneiden, trocknen lassen.

**2** Schalotte und Knoblauchzehe schälen und fein hacken, in der Butter goldbraun rösten, die Kräuter zufügen, mit $^3/_4$ der lauwarmen Milch zu den trockenen Briochewürfeln geben.

**3** Die Eier aufschlagen, mit Kräutersalz und Muskatnuss würzen, mit den Briochewürfeln vermengen, 30 Minuten stehen lassen.

**4** Aus der Brotmasse Rollen von 2 cm Durchmesser formen, in Servietten einwickeln, beide Enden mit Küchenschnur zubinden.

**5** In einem grossen Kochtopf reichlich Gemüsebrühe aufkochen, Knödel zufügen, bei schwacher Hitze 15 bis 20 Minuten ziehen lassen. Die Knödel im Fond erkalten lassen, dann aus der Serviette nehmen und in 5 mm dicke Scheiben schneiden. In einer beschichteten Pfanne in der Butter goldgelb braten.

# Grüne Gnocchi

**1 Winterspinat-Rosette oder**
**20 g aufgetauter, ausgedrückter Blattspinat**
**5 Basilikumblätter**
**125 g Ricotta**
**90 g geriebener Parmesan**
**75 g Weizen- oder Dinkelweissmehl**
**1 Eigelb von einem Freilandei**
**1/2 TL Krätuermeersalz**
**frisch geriebene Muskatnuss**

**Salbeibutter**
**2 fein geschnittene Salbeiblätter**
**1 EL Butter**

**1** Spinatblätter von den Stielen zupfen, in einer flachen Pfanne bei starker Hitze zusammenfallen lassen, in ein Sieb geben und ausdrücken. Spinat und Basilikum fein hacken.

**2** Sämtliche Zutaten in eine Schüssel geben, zu einem festen Teig kneten. Aus dem Teig Rollen von knapp 1 cm Durchmesser formen und diese in 5 mm dicke Scheiben schneiden, daraus Kugeln formen.

**3** In einem grossen Kochtopf reichlich Salzwasser aufkochen. Teigkugeln über eine Gabel ins kochende Wasser drehen. Sobald die Gnocchi an die Oberfläche steigen, mit einem Schaumlöffel herausnehmen, auf ein eingeöltes Kuchenblech verteilen.

**4** Gnocchi vor dem Servieren in der Salbeibutter erwämen.

# Marroni-Medaillons

**300 gefrorene Marroni**
**50 g Knöpflimehl**
**2 Eigelbe von Freilandeiern**
**1 EL Olivenöl extra nativ**
**1 EL Rosinen**
**frisch gemahlener schwarzer Pfeffer**
**1 Prise Cayennepfeffer**
**Kräutermeersalz**

**Bratbutter zum Braten**

**1** Die gefrorenen Marroni im Dampf sehr weich garen, durch das Passevite drehen oder die Kartoffelpresse drücken. Knöpflimehl, Eigelbe, Olivenöl und Rosinen unterrühren, den Teig würzen.

**2** Aus dem Teig Rollen von 15 mm Durchmesser formen und diese in 10 mm dicke Medaillons schneiden, einseitig mit dem Messerrücken ein gitterartiges Muster eindrücken.

**3** Die Marroni-Medaillons in einer beschichteten Bratpfanne in der Bratbutter beidseitig braten.

# Apfel-Brot-Medaillons

**120 g Weissbrot ohne Rinde**
**1 dl Rahm**
**1 EL Butter**
**1 kleiner Boskoop oder**
**1 Rubinette**
**1 EL geröstete, gehackte Kürbiskerne**
**3 Eigelbe von Freilandeiern**
**1 EL Quark**
**1 Prise Cayennepfeffer**
**1/2 TL Korianderpulver**
**1/2 TL mildes Currypulver**

**Bratbutter zum Braten**

**1** Das Brot in kleine Würfel schneiden, mit dem Rahm vermengen, 5 bis 10 Minuten stehen lassen.

**2** Die Butter in einer flachen Pfanne zergehen lassen, die eingeweichten Brotwürfel darin unter Rühren wenden, bis sich die Masse vom Pfannenboden löst. Von der Wärmequelle nehmen.

**3** Den Apfel schälen, Kerngehäuse ausstechen, die Frucht auf der Röstiraffel reiben, mit den Kürbiskernen unter die Panade rühren.

**4** Eigelbe, Quark und Gewürze glattrühren, unter die noch warme Panade rühren.

**5** Aus der Masse Medaillons von etwa 40 g formen, in der Bratbutter beidseitig bei mittlerer Hitze goldgelb braten.

# Kartoffelstock

**500 g mehlig kochende Kartoffeln**
**1 dl Milch**
**Meersalz**
**frisch geriebene Muskatnuss**
**30 g Butter**
**1/2 dl Rahm**

**1** Die Kartoffeln schälen und in kleine Würfel schneiden, im Dampf weich garen.

**2** Die Milch erhitzen, mit Salz und Muskatnuss würzen. Die Kartoffeln durch das Passevite drehen oder durch die Kartoffelpresse in die heisse Milch drücken. Die Butter zufügen. Kurz vor dem Servieren den halb steif geschlagenen Rahm unterziehen.

# Schupfnudeln

**300 g mehlig kochende Kartoffeln**
**2 Eigelbe von Freilandeiern**
**1 EL Ricotta**
**Meersalz**
**frisch geriebene Muskatnuss**
**frisch gemahlener Pfeffer**
**50 g weiche Butter**
**50 g Weizen- oder Dinkelweissmehl**
**100 g Knöpflimehl oder Dunst**

**Olivenöl extra nativ zum Beträufeln**
**Butter zum Braten**

**1** Die Kartoffeln in der Schale im Dampf weich garen, noch heiss schälen und durch das Passevite drehen oder die Kartoffelpresse drücken.

**2** Eigelbe und Ricotta glatt rühren, mit Salz, Muskatnuss und Pfeffer würzen, mit der Butter, dem Weissmehl und 50 g Knöpflimehl oder Dunst zu den Kartoffeln geben, zu einem Teig zusammenfügen.

**3** Vor dem Weiterverarbeiten Konsistenz des Kartoffelteigs prüfen, indem man 2 bis 3 Klösschen in kochendes Salzwasser gibt. Wenn die Klösschen kompakt bleiben, hat der Teig die richtige Konsistenz. Ansonsten restliches Knöpflimehl respektive Dunst einarbeiten.

**4** Aus dem Kartoffelteig daumendicke Rollen drehen, diese in etwa 1 cm dicke Stücke schneiden und länglich drehen.

**5** In einem grossen Kochtopf reichlich Salzwasser aufkochen. Die Schupfnudeln portionsweise in das kochende Wasser geben. Sobald sie an die Oberfläche steigen, mit einem Schaumlöffel herausnehmen und auf ein Kuchenblech verteilen, mit Olivenöl beträufeln, durch Bewegen des Backbleches gut mischen, zugedeckt beiseite stellen.

**6** Schupfnudeln vor dem Servieren in einer beschichteten Bratpfanne in wenig Butter erhitzen oder anbraten.

# Gewürz-Rotkraut

1 mittelgrosser Rotkabis
1 säuerlicher Apfel
1 kleine Zwiebel
50 g Heidelbeeren oder Holunderbeeren
3 dl Rotwein
3 EL Rotweinessig
1 EL Zucker
1 EL Kräutermeersalz
frisch gemahlener schwarzer Pfeffer
1 EL geriebene Ingwerwurzel
1 EL Risottoreis
1 Gewürzbeutel (8 zerdrückte Koriandersamen, 8 Wacholderbeeren, 1 Nelke, 1/2 zerdrückte Zimtstange, 1 Nelke, 1 Lorbeerblatt, 1 Prise Cayennepfeffer)

**1** Den Rotkabis halbieren, den Strunk keilförmig herausschneiden, die dicken Blattrippen entfernen, Blätter in Streifen schneiden. Den Apfel schälen, vierteln, entkernen, die Fruchtviertel in kleine Stücke schneiden. Die Zwiebel schälen und in feine Ringe schneiden.

**2** Sämtliche Zutaten vermengen, über Nacht bei Zimmertemperatur zugedeckt marinieren.

**3** Den Backofen auf 150 °C vorheizen.

**4** Das marinierte Kraut samt Gewürzbeutel in eine flache Pfanne geben, aufkochen. Die zugedeckte Pfanne in den Ofen schieben, das Kraut bei 150 °C 2 Stunden weich schmoren, von Zeit zu Zeit rühren. Den Gewürzbeutel entfernen, das Rotkraut nach Belieben nachwürzen.

# Trevisanoröllchen

4 grosse Radicchii di Verona/ Cicorino rosso
Kräutermeersalz
frisch gemahlener schwarzer Pfeffer
geriebener Parmesan
1 Portion Hexen-Polenta, Seite 79

Butter für die Form

**1** Die äusseren Blätter beim Radicchio entfernen, die übrigen Blätter abbrechen und im Salzwasser blanchieren, auf Küchenpapier legen und trocken tupfen.

**2** Den Backofen auf 220 °C vorheizen. Eine Gratinform mit Butter einfetten.

**3** Die Blätter mit Kräutersalz und Pfeffer würzen und mit Parmesan bestreuen. Auf jedes Blatt einen Esslöffel Polenta geben, satt einrollen. Die Röllchen in die vorbereitete Form legen, mit Parmesan bestreuen.

**4** Die Gratinform in der Mitte in den Ofen schieben, die Trevisanoröllchen bei 220 °C 5 Minuten gratinieren.

# Hexenpolenta

**1/2 l Gemüsebrühe**
**1 Lorbeerblatt**
**frisch geriebene Muskatnuss**
**frisch gemahlener schwarzer Pfeffer**
**125 g Bramata-Mais (grober Maisgriess)**
**1 EL Olivenöl extra nativ**
**80 g Rosinen**
**40 g Butter**
**1 Rosmarinzweig**
**2 EL geriebener Parmesan**

**1** Backofen auf 120 °C Unter- und Oberhitze vorheizen.

**2** Die Gemüsebrühe mit dem Lorbeerblatt in einer flachen Pfanne aufkochen, mit Muskatnuss und Pfeffer würzen, Maisgriess einrieseln lassen, unter ständigem Rühren aufkochen. Pfanne in den vorgeheizten Ofen schieben, Polenta bei 120 °C 30 Minuten garen. Die Rosinen unterrühren, nochmals 10 Minuten in den Ofen schieben.

**3** Butter mit dem Rosmarinzweig in einer kleinen Pfanne braun werden lassen.

**4** Braune Butter durch ein Sieb zur Polenta geben, mit dem Parmesan unterrühren.

# Buntes Rosenkohl-Allerlei

**1 dl Apfelsaft**
**4 zerdrückte Wacholderbeeren**
**6 zerdrückte schwarze Pfefferkörner**
**2 EL getrocknete rosa Pfefferkörner**
**100 g Rosenkohl**
**1 Pfälzer Rübe**
**Kräutermeersalz**
**frisch gemahlener schwarzer Pfeffer**
**1 Boskoop Apfel**
**1 EL Bratbutter**
**2 EL Mandarinen- oder Orangensaft**
**1 EL Olivenöl extra nativ**

**1** Den Apfelsaft mit den Wacholderbeeren und den schwarzen Pfefferkörnern auf einen Viertel einkochen, die rosa Pfefferkörner zufügen, zugedeckt beiseite stellen.

**2** Beim Rosenkohl äussere Blätter entfernen, die einzelnen Blätter bis auf das Herz ablösen und das Herz vierteln. Die Pfälzer Rübe schälen und in feine Stäbchen schneiden. Rosenkohl und Pfälzer Rüben getrennt im Salzwasser blanchieren, das Gemüse mit dem Schaumlöffel herausnehmen, auf einem Kuchenblech ausdampfen lassen, mit Kräutersalz und Pfeffer würzen.

**3** Den Apfel schälen, vierteln, entkernen, Fruchtviertel fein blättrig schneiden. Apfelstücke in einer beschichteten Bratpfanne in der Bratbutter schwenken. Die Apfelsaftreduktion zufügen, aufkochen, das Gemüse unterrühren, mit Mandarinensaft und Olivenöl abrunden.

# Salat aus weissen Böhnchen

**50 g weisse Auskernbohnen oder Spelloböhnchen**
**1 Lorbeerblatt**

**Sauce**
**2 EL Rotweinessig**
**3 EL Olivenöl extra nativ**
**1/2 TL Meersalz**
**frisch gemahlener schwarzer Pfeffer**
**1 Prise Kardamom**
**8 in Öl eingelegte entsteinte schwarze Oliven**
**4 in Öl eingelegte Dörrtomaten**
**gehackter Oregano**

**1** Die weissen Bohnen über Nacht in kaltem Wasser einweichen, das Einweichwasser abgiessen, die Bohnen mit kaltem Wasser überbrausen. Bohnen und Lorbeerblatt mit reichlich kaltem Wasser aufsetzen, bei mittlerer Hitze weich garen.

**2** Die Oliven vierteln, die Dörrtomaten klein schneiden.

**3** Rotweinessig und Olivenöl mit Salz, Pfeffer sowie Kardamom verquirlen. Oliven, Dörrtomaten und Oregano zufügen. Die weissen Böhnchen abgießen, noch heiss zur Sauce geben. Zugedeckt 30 Minuten oder länger ziehen lassen.

*Tipp*
*Zur Galantine von Wildente, Seite 30, servieren.*

# Marinierte Steinpilze

**8 gleich grosse Steinpilze**
**Olivenöl extra nativ**
**Meersalz**

**Marinade**
**2 EL Olivenöl extra nativ**
**1 EL Balsamico**
**frisch gemahlener schwarzer Pfeffer**
**1 Bund gehackte Petersilie**

**1** Die Steinpilze je nach Grösse halbieren oder vierteln.

**2** Die Marinade zubereiten.

**3** Eine beschichtete Bratpfanne aufheizen, mit wenig Olivenöl einpinseln. Pilze mit der Schnittfläche unten in die Pfanne legen und braten.

**4** Die gebratenen Pilze auf einen Teller legen, mit Salz bestreuen. Die Marinade darüber verteilen.

*Tipp*
*Zur Fasanenmousse, Seite 32, servieren.*

# Gefüllte Brioches

**300 g Briocheteig, Seite 72**
**1 mittelgrosse Lauchstange**
**20 g Wintertrüffel**
**1 TL Butter**
**2 EL Portwein**
**$^1/_2$ dl/50 g Rahm**
**Kräutermeersalz**
**frisch gemahlener weisser Pfeffer**

**Eigelb zum Einpinseln**
**Butter für die Form**

*Tipp*
*Zur Paupiette vom Wildschwein, Seite 34, servieren.*

**1** Lauch putzen, längs aufschneiden, Blätter lagenweise in kleine Quadrate schneiden.

**2** Trüffel mit einer Bürste putzen, in etwa 2 mm grosse Würfelchen schneiden.

**3** Die Butter in einer flachen Pfanne zerlassen, Lauch und Trüffel zufügen, 2 Minuten dünsten. Portwein und Rahm zufügen, mit Kräutersalz und Pfeffer würzen, köcheln lassen, bis die Flüssigkeit bindet, zugedeckt auskühlen lassen.

**4** Backofen auf 200 °C Unter- und Oberhitze vorheizen. Das Blech einfetten.

**5** Den Briocheteig in 8 gleich grosse Portionen teilen. Für die Hütchen von jedem Teil 20 g wegzupfen und daraus Kugeln formen. Aus dem übrigen Teig Rondellen formen, die Füllung in die Mitte geben, verschliessen, indem man Kugeln formt, auf das Blech legen, mit Eigelb bepinseln. In jede Kugel eine Vertiefung drücken, Hütchen darauf setzen, ebenfalls mit Eigelb bepinseln. 15 Minuten ruhen lassen.

**6** Brioches im vorgeheizten Ofen bei 200 °C auf mittlerer Schiene etwa 10 Minuten backen.

# Rahmwirz

**500 g Wirz**
**3 dl Rahm**
**Kräutermeersalz**
**frisch gemahlener schwarzer Pfeffer**
**1 EL getrocknete Preiselbeeren**

**1** Die äusseren Wirzblätter entfernen. Die übrigen Blätter abbrechen und die festen Blattrippen herausschneiden, Blätter in Streifen schneiden, diese in reichlich Salzwasser blanchieren, in ein Sieb abgiessen und gut ausdrücken.

**2** Rahm aufkochen, mit Kräutersalz und Pfeffer würzen, die Wirzstreifen zufügen, 5 Minuten köcheln, Preiselbeeren zufügen, bei schwacher Hitze köcheln, bis die Rahmsauce bindet.

# Gebratene Schwarzwurzeln mit Kernen und Preiselbeeren

1 EL Kürbiskerne
1 EL Cashewkerne
8 mittelgrosse Schwarzwurzeln
4 Shiitake
2 EL Olivenöl extra nativ
2 EL getrocknete Preiselbeeren
1 EL Birnendicksaft
1 EL Portwein
Kräutermeersalz
frisch geriebene Muskatnuss
1 Prise Chilipulver

**1** Kürbis- und Cashewkerne zerdrücken, in einer Bratpfanne ohne Fett leicht rösten.

**2** Die Schwarzwurzeln schälen, die Stangen in 3 mm dicke Scheiben schneiden. Die Stiele der Pilze entfernen, Hüte in feine Streifen schneiden.

**3** Olivenöl in einer beschichteten Bratpfanne bei mittlerer Hitze erwärmen, Schwarzwurzeln zufügen und unter ständigem Rühren hellbraun braten, die Shiitake und die Preiselbeeren zufügen, bei schwacher Hitze zugedeckt 3 Minuten dünsten.

**4** Den Birnendicksaft und den Portwein verrühren und würzen, das Gemüse damit abschmecken.

# Glasierte Marroni/Kastanien

80 g Zucker
1 dl/100 ml Orangensaft
2 EL Bratenjus
$^{1}/_{2}$ Chilischote
50 g Würfelchen von Knollensellerie
200 g gefrorene Marroni/Kastanien

Zucker in einer hitzebeständigen Pfanne bei mittlerer Hitze hellbraun karamellisieren, Orangensaft und Bratenjus zufügen, den Karamell auflösen. Selleriewürfelchen und Chilischote zufügen, kurz köcheln lassen. Marroni zufügen, erhitzen, auf der ausgeschalteten Wärmequelle weich garen.

# Rosenkohlravioli

**$^1/_2$ Rezeptmenge Nudelteig, Seite 74**
**200 g Rosenkohl**
**2 Scheiben fein gehackte Pancetta**
**5 gehackte Baumnüsse**
**$^1/_2$ dl Rahm**
**wenig Paprikapulver**
**reichlich frisch gemahlener schwarzer Pfeffer**
**2 EL Mie de Pain**

**1 rote Chilischote, in feinen Ringen**
**$^1/_2$ Bund glattblättrige Petersilie, gehackt**
**1 TL Olivenöl extra nativ**
**frisch geriebene Muskatnuss**
**frisch gemahlener schwarzer Pfeffer**
**Meersalz**

1 Beim Rosenkohl die äusseren, groben Hüllblätter abbrechen. Für die Garnitur eine Hand voll schöne Blätter ablesen. Die Röschen grob hacken.

2 Pancetta in einer beschichteten Pfanne knusprig braten. Den gehackten Rosenkohl zufügen und 5 Minuten mitdünsten. Die Baumnüsse und den Rahm zufügen, bei mittlerer Hitze köcheln lassen, bis die Flüssigkeit bindet, mit Paprika und Pfeffer würzen, Mie de Pain unterrühren.

3 Nudelteig dünn ausrollen, mit einem gezackten Ausstecher Rondellen von etwa 8 cm Durchmesser ausstechen. Füllung in die Mitte geben. Die Teigränder mit Wasser bepinseln, die Rondellen zusammenklappen und die Ränder andrücken. Bis zum Kochen auf ein mit Spätzlimehl bestreutes Kuchenblech legen.

4 Ravioli in reichlich kochendem Salzwasser 3 Minuten ziehen lassen.

5 4 EL Ravioliwasser, Chiliringe, Petersilie, Rosenkohlblätter und Olivenöl in einer flachen Pfanne kurz köcheln lassen, mit Muskatnuss, Pfeffer und Salz abschmecken. Die Ravioli zufügen und darin schwenken.

# Äpfel mit Preiselbeerkompott

1 Die Äpfel schälen und halbieren, das Kerngehäuse mit dem Pariserlöffel ausstechen.

2 Wasser, Weisswein, Zucker, Zitronensaft und Zimtstange aufkochen. Die Apfelhälften in den Fond legen und bei schwacher Hitze weich garen.

3 Die Äpfel aus dem Fond nehmen, mit dem Preiselbeerkompott füllen.

**2 Rubinette oder**
**Golden Delicious**
**1 dl Wasser**
**1 dl Weisswein**
**50 g Zucker**
**$^1/_2$ Zitrone, Saft**
**1 Zimtstange**

**Preiselbeerkompott, Seite 89**

# Gewürzbirne im Rotwein

1 Die Birnen schälen. Die kleinen Früchte ganz lassen, die grossen halbieren, das Kerngehäuse mit dem Pariser löffel ausstechen.

2 Den Rotwein mit den restlichen Zutaten aufkochen. Birnen in den Fond legen und bei schwacher Hitze weich garen. Früchte aus dem Fond nehmen, nach Belieben fächerartig aufschneiden.

*Rotweinfond*
*Bei mittlerer Hitze auf die Hälfte einkochen, durch ein Sieb passieren. Der Fond kann zum Verfeinern von Wildsaucen oder zum Dekorieren von Wildgerichten (auf dem Teller eine Zeichnung machen) verwendet werden.*

**4 kleine Birnen (Püsser) oder**
**2 grosse Birnen (Williams oder**
**Gute Louise)**
**3 dl Rotwein**
**1 Lorbeerblatt**
**6 zerdrückte Pfefferkörner**
**2 Sternanis**
**50 g Birnendicksaft**

## Mini-Birne im Preiselbeersaft

**4 kleine Birnen**
**2 dl Preiselbeersaft**
**2 EL Zucker**
**1/2 Sternanis**

**1** Die Birnen schälen, halbieren und das Kerngehäuse mit dem Pariselöffel ausstechen.

**2** Preiselbeersaft, Zucker und Sternanis aufkochen. Birnen in den Fond legen, bei mittlerer Hitze weich garen.

# Grundrezepte

# Wildfond – Grundfond

500 g klein gehackte Wildknochen und Wildfleischabschnitte
1 l kräftiger Rotwein
5 zerdrückte Wacholderbeeren
1/2 EL zerdrückte Koriandersamen
1 dl Rotweinessig
2 EL Erdnussöl
100–150 g Gemüsewürfelchen (Karotten, Zwiebeln, Knollensellerie)
2 Knoblauchzehen
1 EL Tomatenmark, 3-fach konzentriert
1 Lorbeerblatt
5 zerdrückte schwarze Pfefferkörner
1 klein geschnittener Apfel
2 l Rotwein

**1** Wildknochen und Wildabschnitte unter kaltem Wasser abspülen, mit Rotwein, Wacholderbeeren, Koriandersamen und Rotweinessig mischen, bei Zimmertemperatur zugedeckt 24 Stunden marinieren. Alles in ein Sieb geben, die Marinade auffangen.

**2** Erdnussöl in einem Brattopf erhitzen, die Knochen und die Fleischabschnitte gleichmässig rösten. Gemüse, Knoblauchzehen und Tomatenmark zufügen, unter ständigem Rühren bei mittlerer Hitze 10 Minuten rösten. Den Topfinhalt mit der Marinade schluckweise glasieren, damit die Knochen und die Fleischabschnitte eine schöne dunkelbraune Farbe bekommen.

**3** Den Brattopfinhalt in einen grossen Kochtopf geben, Lorbeerblatt, Pfefferkörner und Äpfel zufügen, mit dem Rotwein auffüllen, aufkochen, Fond bei schwacher Hitze 2 Stunden köcheln. Fleissig entfetten.

**4** Den Topfinhalt durch ein feines Sieb in eine Schüssel passieren. Den Topf auswaschen, den Fond wieder zufügen, bei schwacher Hitze auf 2 dll einkochen lassen.

# Wildrahmsauce

1 dl Wildsauce, Seite 89
1/2 dl Rahm
1 EL Calvados

**1** Die Hälfte Rahm steif schlagen.

**2** Den restlichen Rahm mit der Wildsauce aufkochen, bei schwacher Hitze auf 1 dl einkochen.

**3** Vor dem Servieren den steif geschlagenen Rahm und den Calvados unter die heisse Sauce rühren, nun nicht mehr kochen.

# Wildsauce

**$^1/_2$ Päckchen getrocknete Steinpilze**
**1 dl Portwein**
**2 gehackte Schalotten**
**$^1/_2$ klein geschnittener Apfel**
**1 EL Preiselbeerkompott, Seite 89**
**2 dl Wildfond, Seite 88**
**Kräutermeersalz**
**Cayennepfeffer**
**1 EL kalte Butterstückchen**

**1** Die Steinpilze in wenig lauwarmem Wasser einweichen.

**2** Steinpilze mit Einweichwasser, Portwein, Schalotten und Äpfeln in einer kleinen Pfanne aufkochen, die Flüssigkeit bei mittlerer Hitze auf die Hälfte einreduzieren. Wildfond zufügen, bei schwacher Hitze auf 1 dl/100 ml einreduzieren. Die Sauce durch ein feines Sieb drücken.

**3** Die Sauce nochmals aufkochen, würzen. Butterstückchen mit dem Schneebesen unterrühren, die Sauce nicht mehr kochen.

*Varianten*
*Die Wildsauce soll eine Mischung von leichter Süße, geheimnisvollen Gewürzen und subtiler Schärfe sein. Sternanis, Zimt, Koriandersamen, rosa Pfefferkörner, Piment, Macis, Dörrobst, Preiselbeeren, Heidelbeeren und Rosinen geben ihr Spannung.*

# Preiselbeerkompott

**2 dl kräftiger Rotwein**
**100 g Birnendicksaft**
**300 g Preiselbeeren**
**1 Boskoop-Apfel**

**1** Rotwein mit Birnendicksaft aufkochen, Preiselbeeren zufügen, bei schwacher Hitze 10 Minuten kochen. Pfanneninhalt in ein Sieb abgießen, den Fond auffangen, zurück in die Pfanne geben, bei schwacher Hitze auf die Hälfte einkochen.

**2** Den Apfel schälen, vierteln und entkernen, Fruchtviertel in kleine Würfel schneiden.

**3** Apfelwürfelchen mit Preiselbeeren zum Fond geben, aufkochen. Kompott auf der ausgeschalteten Wärmequelle zugedeckt 10 Minuten ziehen lassen.

*Vorratshaltung*
*Das heisse Preiselbeerkompott in ein Einmachglas füllen, sofort verschliessen.*

*Serviervorschlag*
*Ideal zum Füllen von gegarten Apfel- oder Birnenhälften oder als Kompott zu Wildgerichten.*

# Wildgeflügelfond

**500 g Fasanenabschnitte (von 2–3 Fasanen)**
**300 g Wildknochen und Wildfleischabschnitte**
**1 gehackter Kalbsfuss**
**2 l Geflügelbrühe**
**1 l Wasser**
**4 zerdrückte Wacholderbeeren**
**6 zerdrückte weisse Pfefferkörner**
**1 Thymianzweig**
**1 mittelgrosse Karotte**
**1 kleiner Lauch**
**1/2 Quitte**
**2 EL Erdnussöl**

**1** Knochen und Fleischabschnitte kalt abspülen.

**2** Die Karotte schälen und zerkleinern. Den Lauch putzen und in Streifen schneiden. Den Quittenflaum mit einem trockenen Tuch abreiben, die Frucht schälen und entkernen, klein schneiden.

**3** Knochen und Fleischabschnitte im kochenden Wasser blanchieren, in ein Sieb abgiessen, mit kaltem Wasser abspülen.

**4** Knochen und Fleischabschnitte mit Geflügelbrühe und Wasser in einem grossen Kochtopf aufkochen, Schaum abschöpfen. Gewürze, Kräuterzweig, Gemüse und Quitten zufügen, bei schwacher Hitze 2 Stunden köcheln, das Fett immer wieder abschöpfen. Durch ein feines Sieb passieren, den Fond auffangen.

**5** Fond in einer kleineren Pfanne bei schwacher Hitze auf einen Liter einkochen.

# Birnen-Chutney

**600 g Birnen**
**1/2 unbehandelte Zitrone, einige Zesten und Saft**
**80 g Zucker**
**3 dll Apfelsaft**
**1/2 dl Apfelessig**
**10 zerdrückte Koriandersamen**
**2 Kardamomsamen**
**1 cm Zimtstange**
**1 Chilischote, entkernt, klein gewürfelt (Brunoise)**
**40 g geschälte Ingwerwurzel, klein gewürfelt**
**1 EL Akazienhonig**

*Variante*
*Birnen durch Äpfel ersetzen.*

**1** Birnen schälen, halbieren, Kerngehäuse entfernen, Hälften in 5 mm grosse Würfel schneiden. Fruchtschalen und Kerngehäuse aufbewahren.

**2** Zucker in einer hoch erhitzbaren Pfanne karamellisieren, Apfelsaft und Apfelessig zufügen, aufkochen. Karamell auflösen, sämtliche Gewürze, Schalen und Kerngehäuse der Birnen zufügen, Flüssigkeit bei mittlerer Hitze auf die Hälfte einkochen lassen. Topfinhalt durch ein feines Sieb passieren, den Fond auffangen. Koriander, Kardamom und Zimt entfernen.

**3** Den Fond mit Früchten, Chili und Ingwer aufkochen, 5 Minuten köcheln lassen, den Honig unterrühren.

**4** Heisses Birnen-Chutney in Gläser mit Schraubverschluss füllen, sofort verschliessen. Haltbarkeit: 3 bis 4 Monate.

# Zwetschgen-Chutney

**500 g Zwetschgen**
**1 Zitronengrasstängel**
**50 g geschälte Galgantwurzel (Ersatz für Ingwer), klein gewürfelt**
**1 dl Süsswein, z. B. Sauternes**
**$^{1}/_{2}$ TL Zitronenpfeffer**
**2 EL Akazienhonig**
**4 EL Himbeeressig**
**1 Msp Nelkenpfeffer (Piment)**
**1 Msp Cayennepfeffer**

*Variante*
*Die Zwetschgen durch Kirschen (Früchte vierteln) oder Aprikosen ersetzen.*

**1** Die Zwetschgen halbieren und entsteinen, Stielansatz wegschneiden, die Hälfte der Fruchthälften halbieren, den Rest klein würfeln.

**2** Zähe Schichten beim Zitronengrasstängel entfernen, das Herz fein schneiden.

**3** Den Süsswein aufkochen, Zwetschgenviertel zufügen und 3 Minuten kochen, mit dem Stabmixer pürieren.

**4** Zwetschgenpüree, Zitronengras und Galgant aufkochen, bei schwacher Hitze 10 Minuten kochen. Honig, Essig, restliche Gewürze und Zwetschgenwürfelchen unterrühren, aufkochen.

**5** Das heisse Zwetschgen-Chutney in Gläser mit Schraubverschluss füllen, sofort verschliessen.

# Holunderkompott

**1 kg Holunderbeerendolden**
**$^{1}/_{2}$ l Apfelsaft**
**200 g Zucker**
**50 g getrocknete Apfelringe, klein gewürfelt**
**1 Chilischote, längs aufgeschnitten, entkernt**
**1 TL Agar-Agar-Pulver**

**1** Holunderdolden unter fliessendem Wasser waschen, die Beeren von den Stielen zupfen.

**2** Holunderbeeren, Apfelsaft, Zucker, getrocknete Äpfel und Chilischote in einem grossen Kochtopf aufkochen, bei schwacher Hitze 15 Minuten kochen. Agar-Agar-Pulver mit wenig kaltem Wasser anrühren, unter das Kompott rühren, bei schwacher Hitze 5 Minuten kochen lassen.

**3** Das heisse Kompott in Gläser mit Schraubverschluss füllen, sofort verschliessen.

Wo nicht anders vermerkt, sind die Rezepte für 4 Personen bestimmt.